学級経営サポートBOOKS

教師のための
「ペップトーク」入門

子どものやる気を120％引き出すミラクルフレーズ

三森啓文 著

明治図書

はじめに

　今の自分があるのは，あの時のあの人の言葉があるからだ。という話をよく聞きませんか。教員として教壇に立ったのは，あの時のあの言葉が…。

　私が教職という道を考え始めた出来事が高校時代にありました。私は高校を卒業したら，就職をして自立するという思いで，工業高校を選びました。昭和45年ですから，就職も大変良い状況でした。

　私の名前は「啓文（ひろふみ）」ですが，初めて会う人に，「ひろふみ」と呼んでもらえることがありませんでした。高校2年生の現代国語の最初の授業で，一人ずつ名前を呼ばれて，コメントをもらった時のことをはっきり覚えています。私の番になり，「みつもりひろふみ」と呼ばれ，「ハイ！」。生まれて初めて，正しく呼ばれたのです。その時のコメントが，「君は，教師になるといい名前だな。『文を啓める』学んだことを伝えるという役目がある」でした。初めて，名前をきちんと呼ばれたことと，「啓文」には，そんな意味が込められていたことを知った瞬間でした。

　この先生のお陰で，自分の名前に自信をもち，そして教職の道も選択肢の中の一つになりました。

　たった一言の言葉が，人生を左右する言葉として，残ることがあるわけです。みなさんにも，きっとそんな経験があるのではないでしょうか。

　その後，体育教師を目指し，中京大学体育学部体育学科へ。卒業後3年間の講師生活の後，教員試験に合格。愛知県教員として教壇に立つことになりました。

　小学校勤務を経て，中学校に変わり陸上部の顧問を任され，努力してきました。自分としても，指導には自信をもち，実績も上げてきたつもりでした。

　卒業を数日後に控えたある日，一人の陸上部の女子生徒が，私のところに来て発したひと言，

　「私は，先生につぶされました」

　彼女は，くるりと背を向けて，去っていきました。呆然と見送る私。

私にとって，あまりにも，衝撃的な言葉でしたが，卒業後もなぜか，心に
ひっかかるものがありました。力のある優秀な選手でしたので，全国大会で
の活躍を目指して一方的な練習メニューを課していました。彼女の体調や都
合を全く考えない対応でした。

　「言うことを聞いていれば，強くなる」

　私の指導は正しい。きちんとこなせば強くなれる。ただそれだけでした。
部活動中の言葉は乱暴。当時の私は，「押しつけ」こそ，部活動を強くする
方法だと信じていたのです。自分自身が，高校・大学で学んできたことをそ
のまま，中学生に押しつけていたのです。

　考えてみれば，彼女にとって，信頼関係もないのに，私の言葉の一つ一つ
が入るはずがありません。反感をもつだけになります。そこに気づかなかっ
た私の目を覚まさせてくれたのが，彼女の「私は，先生につぶされました」
です。

　彼女の一言のお陰で，生徒を大事に思う気持ちをもつようになりました。
呼び捨てしかしなかった私が，「君，さん」をつけて呼ぶようになりました。
定着するのに，半年を要した記憶があります。

　「君，さん」が定着してくると，自分の中に気づきがありました。

　「君，さん」をつけるだけで，生徒を大事に思うことができる。大事に思
えるようになると，生徒の言動をしっかり受け止めることができる。しっか
り受け止めることができるようになると，仮に問題行動があっても，その背
景を見つめることができる。背景を見つめるようになると，問題の本質が見
えてくる。

　その後の部活指導はもちろん，生徒指導でも「言葉の力」を強く感じなが
ら教育活動を進めることができました。

　言葉を意識すると，他の先生方や，保護者，研修会や講演会で聴く言葉の
中で，キラリと響く言葉を見つけることができるようになります。

　2018年9月

三森　啓文

Contents

はじめに　3

第1章

おさえておきたい！
ペップトークの基礎知識

1　ペップトークとは？　10
2　日本にやってきたペップトーク　12
3　ペップトークの特徴　14
4　ペップトークとプッペトーク　16
5　ペップトークに大切なこと　18
6　学校におけるペップトーク　20

Column　日本の「言霊」，アメリカの「ペップトーク」　22

第2章

4ステップで簡単！
ペップトークの作り方

1 ペップトークの4ステップ　24
2 ステップ1　受容（事実の受け入れ）　26
3 ステップ2　承認（とらえかた変換）　28
4 ステップ3　行動（してほしい変換）　34
5 ステップ4　激励（背中のひと押し）　38
6 ペップトークを効果的に活用するには　40

Column　褒め言葉を使って，子どもに自信をもたせる　44

第3章

子どものやる気を引き出す！
場面別ペップトーク集

できる感スイッチでやる気を引き出す
1 朝のあいさつをしっかりさせたい　46

2 ５分前行動を促したい　48

3 テストで目標を達成させたい　50

4 苦手なことに挑戦させたい　52

5 合唱祭で真剣に歌わせたい　54

6 掃除をきちんとやらせたい　56

7 友達同士仲良くさせたい　58

8 学芸会（学習発表会）に真剣に取り組ませたい　60

9 作文にしっかり取り組ませたい　62

10 家事を自分でやらせたい　64

ワクワク感スイッチでやる気を引き出す

11 教室に入れさせたい　66

12 部活動の試合前に激励したい　68

13 授業参観の緊張をほぐしたい　70

14 体育祭でクラスをまとめたい　72

15 卒業式の練習に気持ちを入れさせたい　74

16 授業で満足感を得られるようにしたい　76

17 部活動での反省を次の頑張りにつなげたい　78

18 催しごとを自主的に考えさせたい　80

19 授業を活発化させたい　82

20 整理整とんをしっかりさせたい　84

安心感スイッチでやる気を引き出す

21 発表での緊張を和らげたい　86

22 プールを怖がる子を安心して入らせたい　88

23 ケンカした子どもを仲直りさせたい　90

24 失敗した子どもを慰めたい　92

25 嘘を正直に告白させたい　94

26 家庭の悩みを和らげたい　96

27 進路について考えさせたい　98

28 自己アピールをしっかりさせたい　100

29 「ありがとう」が飛び交う学級にしたい　102

30 学級の事件を解決したい　104

Column あなたは「言葉の力」を信じますか　106

付録

あなただけのペップトークを作る！

ワークシート集

ワークシートの使い方　108

ペップトーク作成シート　110

リフレーミングシート　114

おわりに　118

第1章

おさえておきたい！
ペップトークの
基礎知識

ペップトークとは？

前向きな背中の一押し

"PEP" = "〜を元気づける，活気づける"
"PEPTALK" = "人を励ますための言葉や話"

　ペップトークは，目の前にいる大切な人が何か事を起こそうとしている時に，本気の応援をする言葉や話です。事を始める直前の精神状態はどうでしょう。あまり他の事を考えることはできません。となれば，長い話は聴く気になれません。いや，耳に入らないでしょう。目の前の今まさに向かおうとしている大切な人に向け，ポイントを絞りに絞った，短くわかりやすく，その人の気持ちが奮い立つ励ましの言葉がペップトークなのです。

　試合が始まる直前のロッカールームの中で，いよいよ本番を迎えるという時です。監督やコーチ，学校の場合だったら先生たち，というリーダー的立場の人が，その本番に向かっていく選手に対して，生徒に対して，「さあ，行ってこい！」と激励のショートスピーチをします。この激励のショートスピーチの事をペップトークと言うのです。「前向きな背中のひと押し」と言い換えてもいいでしょう。

ペップトークとは…
「短く」
「わかりやすく」
「肯定的な」
「魂を揺さぶる」
ショートスピーチ

⇒　試合（本番）の開始前　の
　　監督・コーチなど指導者　による
　　選手・生徒・部下など　への
　　激励のショートスピーチ
　　前向きな背中の一押し

ペップトークが生まれた背景 //

　ペップトークは，アメリカのプロスポーツ界から生まれた言葉です。

　アメリカのスポーツビジネスは14兆円。プロのフットボール選手がもらっている年俸は最高が42億，平均は2億。これがバスケットボールだと，最高が30.5億，平均が4.5億。野球は最高29.1億，平均3.9億。アイスホッケーは最高14億，平均2.4億。このような金額をもらっている選手を前にして，何と言うのでしょう。いい加減な言葉は出せません。

　監督は億という契約金をもっている超一流の選手たちに，どんな言葉でどのように伝えるか必死で考えているわけです。

　1試合1試合が，監督は命がけと言っていいでしょう。なぜならば，自らの進退がかかっているからです。

　ペップトークはプレーヤーが最高のパフォーマンスをするために，磨き上げられたトークモデルなのです。

　アメリカは，このように1つの成功哲学をプログラム化することが得意な人が，多く排出される国です。有名なもので，やる気と自信がわいてくる成功哲学「ナポレオンヒル」。人材育成の分野で「コーチング」。また，ビジネスに特化し，質の高い紹介をし合うプログラムの「BNI」などなど。

　まさに，ペップトークは，トークモデルとしてこのプログラムの1つと言えるでしょう。

┌───┐

　ペップトーク発展の背景
　①アメリカのスポーツビジネス市場は14兆円とも言われる
　②選手の年俸は4大スポーツでは平均で数億，最高で数十億と桁外れ
　③選手が最高の力を発揮するために磨き上げられたトークモデル

└───┘

第1章　おさえておきたい！ペップトークの基礎知識　11

2 日本にやってきた ペップトーク

映画にみるペップトーク //

　ペップトークは，試合の本番前に監督やコーチが，選手が最高のパフォーマンスを出せるよう，選手の心に火をつける言葉がけです。選手にどんな言葉がけがよいのか考え抜くのが，監督やコーチの仕事と言ってもよいでしょう。盛んに行われているペップトークですが，試合前のロッカールームで行われることが多いため，一般的には，そのペップトークを聴くことはできません。しかし，1200本を越える映画の中で，ペップトークが再現されています。インターネットで，いろいろな映画のどこに，どんなペップトークがあるかを紹介しているサイトもあります。

　この中で，私が講演・セミナーで紹介しているのが，『Miracle（ミラクル）』です。この映画は1980年レークプラシッド冬季オリンピックでの実話に基づいています。この時アメリカチームは，なんと学生選抜チームで，決勝ラウンドまで勝ち上がりました。20年間無敗と言われてきた王者ソ連（現ロシア）と戦う前のロッカールームの場面です。

　選手は緊張と不安につつまれ，張り詰めた空気の中で，試合開始を待っています。その中に，ハーブ・ブルックスヘッドコーチが，選手たちに向かって，本気のペップトークを言い残し，ロッカールームを出ていくのです。

「偉大な瞬間は，偉大なチャンスから生まれる」
「今夜は俺たちが世界で最も偉大なチームだ」
「今夜お前たちがここに来たのは運命だ。その時が来たぞ」
「ひねりつぶせ。時代はお前たちのものだ。必ず奪い取ってこい！」

選手たちは，何か大きく心を動かされた様子で，リンクに出ていきました。
　勝てるわけがないと言われて，勝ち上がった学生チームが，強敵ソ連に逆転勝ち。この試合は，「氷上の奇跡」として，今でも語り継がれています。
　ペップトークという「言葉の力」によって，選手一人一人の心を動かし，行動にもっていくことで，まさに奇跡を起こさせたのです。

日本でのペップトーク ///

　ペップトークを日本に持ち込み，普及活動の中心になって動いているのが，日本ペップトーク普及協会会長，岩﨑由純氏です。
　岩﨑会長は，アスレチックトレーナーを目指し，アメリカに留学中，大学・プロスポーツのチームの監督やコーチの，心揺さぶるペップトークに出会いました。
　トレーナーという立場ですので，本来だとあまり目にしない，また聞くことのない，ロッカールームでの監督やコーチのペップトークを目の前で聞くことができたわけです。岩﨑会長は，あまりの感動に涙を流しながら，大きなバッグを持って，選手とともに会場に出ていくこともあったそうです。
　岩﨑会長は，ペップトークを耳にしながら，それらが非常に単純だということに気づかれました。さらにわかったのは，次のようなことでした。

---

①ポジティブな言葉を使っている。
②短くてわかりやすい言葉を使っている。
③相手が一番望む言葉を使っている。
④相手の心に火をつける本気の関わりをしている。

　岩﨑会長は帰国後，このペップトークを，家庭・教育・ビジネスの世界に普及し，日本を元気にしたいという強い想いから全国で講演活動を始めました。そして，より多くの人にペップトークを広めていきたいということで，2012年4月に日本ペップトーク普及協会を設立しました。

3 ペップトークの特徴

ポジティブな言葉を使っている

　中学生の出前授業で，数人で組を作って，ポジティブな声がけと，ネガティブな声がけを実際に体験してもらい，その後感想を発表し合います。
（例１）作文を書いているが，原稿用紙の半分程度まできて，なかなか進まず困っている時に，どちらがやる気が出ますか？
　「まだ，半分しか書けてないじゃないか。早く書かないと時間無くなるぞ」
　「半分まで書けたな。あと，残り半分，時計と競争でやってみよう」
（例２）ソフトボールの試合中，バッターボックスに立った時，どちらが十分に力を出すことができますか？
　「空振りするなよ！」
　「ボールをよく見て，芯でとらえろ！」
　子どもたちは全員が，ポジティブな声がけが，やる気になったり，力が出たりするという回答でした。

短くてわかりやすい言葉を使っている

　子どもたちが，「ごちゃごちゃ言わないで」という言葉を使うことがあります。「この『ごちゃごちゃ』ってどんなこと？」と聞いたところ，多くの生徒から「何か言われているけど，意味がわからないこと」「やろうとしてるのに，邪魔されている気分」「ほとんど聞いていない」などと，全く効果が無いことがわかります。
　事を起こそうとしている時，試合が始まる前は，誰でも集中しようとします。そんな時に長くわかりにくい言葉は，理解できません。
　バレーボールのサーブで，低い角度で打つことが得意な相手選手に対して，

「〇〇番の選手のサーブは，かなり低い角度で来るから，他の選手同様の構えではなく，やや低姿勢で構えて，…」
というのが「ごちゃごちゃ」ですね。それよりもスッキリと，
「〇〇番だよ。いつもより，低い姿勢で構えて拾うんだよ」
の方が，直前の声がけなら，しっかり入りませんか？

相手が一番望む言葉を使っている

指導者が励ます際に意識したいのは，今話していることは「相手が望んでいることか」または「自分が望んでいることか」です。

自分自身，長年子どもの前に立ってきて，どうしてもこちらが望んでいることを「押しつけ」ていたことが多かったことを反省することがあります。

本人が，「こうしたい，こうなりたい」と強く思っていることに，響く言葉を使うことが重要です。

元気を失って落ち込んでいる時に，「そんなことで，どうするんだ。元気出せ！」と言われても，「何にもわかってくれていない。ほっといて」となります。

励ましたい相手の，状況や精神状態をしっかり把握し，受け入れる。そして，相手の立場に立って，何を望んでいるか，何を目標にしているかを共有することで，言葉が決まります。

相手の心に火をつける本気の関わりをしている

応援される相手と，指導する側の信頼関係なくして，ペップトークは成立しません。お互い，どれだけの信頼関係があるかで，やる気のスイッチが入り方も変わってくるのです。どんなによい言葉を使っても，どれだけ真剣に訴えても，本人との関わりが少なければ，本気は伝わりません。

普段から関わりの深い，担任や顧問が本気で話す言葉は，他の役職がある先生が話しても，到底かなうものではありません。

第1章　おさえておきたい！ペップトークの基礎知識　15

4 ペップトークとプッペトーク

ペップトークの正反対「プッペトーク」

　ここまで，ペップトークとはどのようなものかについて説明してきましたが，ペップトークとは正反対の意味で，「プッペトーク」という言葉もあります。ペップトークは英語ですが，プッペトークは，日本ペップトーク普及協会の造語です。一言で言うと，ペップがポジティブな言葉，プッペはネガティブな言葉という考え方です。

ペップトーク	プッペトーク
●ポジティブな言葉で	●ネガティブな言葉で
●相手の状況を受け止め	●相手のためを装い
●ゴールに向かった	●ゴールは無視して
●短くてわかりやすく	●延々と人のやる気をなくす
●人をその気にさせる言葉がけ	●説教・命令
勇気づけトーク	**残念トーク**

　本番の直前のネガティブな言葉は，ネガティブな結果をイメージさせてしまいます。先生方自身に置き換えてイメージしてみるとわかりやすいかもしれません。自身が本番に向かう直前に，成功したイメージで励まされるのと，失敗してはいけないと言われて向かうのでは，どちらが自身に火がつきますか？

　こうしてみると，ペップトークは，難しいことを覚える必要はなく，自身が言われて嬉しい，そしてやる気になって本番に立ち向かうことができる言葉がけだと思うことができますね。

「ペップだよ」「プッペだよ」//

　中学校行事の中で，講演させていただいた後，担当の先生から，「先生の講演の後，生徒の会話の中に，『ペップだよ』とか『プッペだよ』という言葉が発せられるようになりました。校内で生徒たちが，ペップトークに関心をもち，使うことで，家庭や，地域にも広がってほしいと思っています」と嬉しい手紙をいただきました。

　このように，「ペップ」「プッペ」と軽く口に出すことで，今まで，ネガティブな言い方をした際に，ケンカごしになっていたのが，すっと気持ちが収まることが増えたそうです。

　ペップトークの話を聴いた，中学校の先生から事例をいただきました。

　学級で，Ａ君が何かの拍子にＢ君に対して腹を立て，
「何だ，その言い方は！」
とケンカごしになっていた時。そばにいたＣ君が，
「プッペだぞ」
と言った瞬間に，Ａ君はニヤッとしてバツの悪そうな顔になり，そのままケンカにならずに終わったそうです。

　Ｃ君から，「プッペだぞ」と軽く言われたことで，今までの怒りが，すっと収まったのだそうです。「『ペップ』『プッペ』が校内で広がることで，生徒同士の人間関係が良くなり，生徒指導上の問題も減るような気がする」と言われましたが，まさにその通りではないでしょうか。人間関係のもつれは，ほとんど，誰かが発した言葉が発端になっています。こんな学校から「ペップ」な言葉が，発信される日が来ることを期待します。

　小学校でペップトークを思い出させるのが，「ふわふわことばとちくちくことば」を題材にして，子どもたちに考えさせる道徳の授業です。

　普段子どもたちが使っている，「言われていやな（悲しくなる）言葉」「言われて嬉しくなる（笑顔になる）言葉」をどんどん書き出し，お互いに言い合ってみる。明らかに「ふわふわ言葉」は，気持ちがよくなるのです。

第１章　おさえておきたい！ペップトークの基礎知識　　17

5 ペップトークに大切なこと

その子を大切に思う気持ちが一番

　本書では，ペップトークの使い方を場面ごとに例を挙げて，書いています。付録のワークシートは，ご自身の場面に応じて，書き込むことで，ペップトークが出来上がるように作っています。

　しかし，大切なのはペップトークを発するご自身と，聴く相手との信頼関係なのです。相手が受け入れていないのに，どんなきれいごとを言っても伝わりません。逆に，上手に話せなくても，本当に相手の立場に立って，相手のことを思って発した言葉は，素敵な「ペップトーク」になることでしょう。相手の良いところをたとえ1つでも認め，本気で伝えることが大切です。

認めるという事

　人は誰でも，他人から「認められたい」という気持ちをもっています。

・その子自身の存在や，夢・希望（存在）
・その子の頑張っている姿（行動）
・その子が残した結果（結果）

承認のピラミッド

　これらを積み重ねたものを，承認のピラミッドと言っています。人は，「認められる」ことによって，自信をもつことができ，伸びていくのです。

　認められ，褒められて育った子は，自己肯定感が高くなります。その逆に，否定されて，叱られて育った子は，自己肯定感が低くなります。

　次に，相手を「承認」する言葉，「否定」する言葉を比較してみましょう。あなたが普段口にしている言葉は，どちらでしょうか。

- **存在の承認【ペップ】**
  - 君がいるから
  - 君ならきっとできるよ
- **行動の承認【ペップ】**
  - 頑張ってるね
  - いいやり方してるね
- **結果の承認【ペップ】**
  - よくやったね
  - 頑張ったね

- **存在の否定【プッペ】**
  - お前には無理
  - お前じゃなくてもいい
- **行動の否定【プッペ】**
  - 何やってるんだ
  - もたもたするな
- **結果の否定【プッペ】**
  - 何をやってもダメだな
  - そんなこともできないのか

　どちらがやる気が起こるでしょうか。もちろん，中には否定される方が，「なにくそ！」と頑張ることができるという子もいるでしょう。しかし，大多数は承認されることの方が，やる気のスイッチが入るのです。

　人にとって，「認められる」ことは，大変重要なことです。励ましのつもりで，あえて否定するという方もいますが，実際に，ご自身がそのような否定の言葉で励まされた（？）としたら，どんな気持ちになるでしょう。

　私はよく，承認のお話をする際に，「赤ちゃんが，生まれた時を思い出してください」とイメージしてもらいます。

　「生まれてきてくれてありがとう」とこの世に生まれてきてくれたことを，喜んでいませんか。（存在の承認）

　ハイハイをしている赤ちゃんに向かって，「ここまでおいで。頑張って，頑張って」と，遅いながらも必死に前に進む赤ちゃんにエールを送っていませんか。（行動の承認）

　フラフラしながらも自分の足で立ち，すぐに転んでも，「立った，立った。すごいすごい」と手を叩いて喜んでいませんか。（結果の承認）

　赤ちゃんの時に，あんなに認められていたのに，年齢を経ていくと，かける言葉も厳しくなるようです。

6 学校におけるペップトーク

承認が子どもを伸ばす

　私は，中学校の特別支援学級を受け持ちました。担任になる前と，担任になってからでは，考え方が大きく変わりました。

　最初，通常学級の生徒たちには，特別支援学級の生徒たちに対して，「能力が低い，いろいろなことができない生徒」という印象がありました。私も少なからず，そのような思いをもって接し始めました。先ほど述べた赤ちゃんの例と同じで，「保護してあげなければいけない」「できないのだから，できたことに対して励ましていこう，褒めていこう」という思いでした。

　確かに，学習面が苦手な生徒は多いのですが，それぞれが障がいの程度や種類が違います。総合学習や作業学習を通して，将来の自立を目指して学びます。個に応じてできること，得意なことを指示することで，夢中になって取り組むことができることがわかりました。

　通常学級の生徒との交流の中で，作業に関することは，通常学級の生徒が驚くほど，知識や能力を身につけていることに気づくわけです。今までは，「かわいそうな子」「できない子」と思われていた生徒が，少なからず，「スゴイ，こんなことできるんだ」「私の知らないことを教えてもらった」と尊敬される立場になるのです。

　私の経験では，通常学級の生徒は，「できる」ことを前提に物事が進むためか，「できないこと」を注意（否定）されることが多いような気がします。これが時に生徒のやる気や自信をなくさせることにもなります。逆に，「これ，できたね」「こんなに伸びたね」と褒められる言葉が多いように思えるのが，特別支援学級の生徒。「できた」ことに対して褒められる（承認）ことで，生徒のやる気や自信につながるようです。

学校現場でのペップトーク ///

　ペップトークは，学級や，部活動の場で大いに役立ちます。

①学級をまとめるために

　担任にとって学級のまとまりは最重要です。担任としての心構えとしてペップトークを心がけることにより，児童・生徒にも考え方が広がります。1年間というスパンで行うわけですから，影響力は大きいですね。

②行事に向けて，やる気を引き出すために

　体育祭，学芸会，合唱祭など様々な行事があります。「行事で，子どもたちは育つ」と言われてきました。中心になる子，周りで支える子を問わず，ペップトークで励ますことで，より行事に取り組む姿勢に意欲が増します。

③部活動での励ましに

　部活動は，子どもたちにとって学校生活の中で，大きなウエイトを占めているようです。成人式や大人になってからの同窓会も部活動の思い出で盛り上がっています。練習の際のペップトーク，試合前のペップトーク。子どもの中に，先生の「あの時のあの言葉」として残ります。

　以下は私自身やペップトーク実践者の感想です。

・「ありがとう」の言葉が増える。（ペップトークは，自分のみならず，周りも明るくします）

・「人のせいや○○のせい」が減る。（「とらえかた変換」をするので，ポジティブに変換する癖（習慣）が身につくようになります）

・自分で，最善の方法を考えるようになる。（ネガティブな発想だと，脳は「ダメな理由」を並べます。ポジティブな発想だと，脳は「できる理由」を考えます。ペップは最善の方法に向かいます）

　その他，「友達の成功を素直に喜ぶ」，「お手伝いや，協力し合うようになる」「教室がきれいになる」などがあります。

第1章　おさえておきたい！ペップトークの基礎知識　21

Column
日本の「言霊」，アメリカの「ペップトーク」

● 1300年前からの「言霊」，150年前からの「ペップトーク」

　アメリカのスポーツ界から生まれたペップトークですが，日本は古来，言葉には魂が宿るという，言霊信仰があります。

　「良い言葉は良い結果を生み，悪い言葉は悪い結果を生む」と，小さいころから，そんな事を聞いてきた人は多いのではないでしょうか。

　日本には「言霊」，アメリカは「ペップトーク」。国の歴史を比較してみましょう。日本の建国は，神武天皇が即位した紀元前660年と言われていますから，2700年ほど経っています。アメリカの建国記念は，1776年ですので，およそ250年と考えましょう。日本とアメリカでは，条件が違いますので，そのまま比較することはできないかもしれませんが，日本は約1300年前につくられた万葉集に，「言霊」の語が使われているそうです。

　一方アメリカでは，四大人気スポーツのアメリカンフットボール，バスケットボール，野球，そしてアイスホッケーいずれもプロスポーツとして確立されたのは，100〜150年ほど前です。最初からペップトークが使われたとしても歴史は浅いということが言えます。

● 実は，多くの人が知っている

　受験の前になると，「落ちる」「すべる」など，家族も使わないよう気を遣います。結婚式が決まってから，「切れる」「別れる」「もどる」などの言葉も使いませんね。多くの人が心の奥に，「言霊」を感じているということですね。周りの，「忙しい忙しい」「疲れた〜」「面倒くさいなあ」とよく発している人と，「充実してるなあ」「今日も元気だ」「こんなことやらせてもらってる」と発している人の表情や，行動を比較してみてください。どちらの人と付き合いたいですか。明らかに後者ですよね。

　自分で発する言葉＝「言霊」で，その人の生き方まで変えてしまうのです。

第2章

4ステップで簡単！
ペップトークの
作り方

ペップトークの4ステップ

ペップトークに共通する励まし方のパターン

　アメリカでは、多くのスポーツ映画やドラマがあります。その中に、心に残るペップトークが出てくるわけですが、日本ペップトーク普及協会が分析をした結果、励まし方に共通のパターンがあることがわかりました。

ペップトークの4ステップ

　ペップトークは、右の図のような、「受容・承認・行動・激励」という4つのステップを踏んでいます。

　個々に当てはめることで、短いスピーチの中で、相手の心を動かすペップトークが出来あがります。

ステップ1　受容（事実の受け入れ）
　その時の感情や、状況をすべて受け入れることで、共感します。共感することで、一緒に考えていく体制づくりをします。

ステップ2　承認（とらえかた変換）
　ものの見方を変えることによって、「とらえかた変換」をします。「そうか、そんな風に考えればいいんだ。そこに向かって、知恵を絞ろう」という思いになります。

ステップ3　行動（してほしい変換）
　本番に、「してほしいのは何か」を明確にし、伝えます。行動を始める準備を整えます。

ステップ4　激励（背中のひと押し）
　スタート位置につくことができたわけですから、あとは飛び出すだけです。

最高のスタートを切るための「背中のひと押し」を投げかけます。

4ステップの具体例 //

では実際に，これらの4ステップを用いた声がけの例を見てみましょう。

（例1）決勝戦を前に選手を集めて

事実の受け入れ	お前らすごいぞ！　今日は決勝戦，相手は全国大会の常連校だ！
とらえかた変換	お前たちの強さを証明するチャンスだ！
してほしい変換	お前たちらしく，がっちり守ってワンチャンスをものにしよう！
背中のひと押し	さあ，思いっきり暴れてこい！

　決勝戦の相手は，大変な強豪チームだという受け入れ。とらえかた変換で，勝てば強さの証明。「ワンチャンスをものにしよう」を裏返せば，なかなかないチャンスを大事にしようという，してほしい変換。「あとは，向かうだけだ」の激励という4ステップで成り立っています。

（例2）発表会を前に

事実の受け入れ	あなた，手が震えているのね！
とらえかた変換	それはね，あなたが本気になっている証拠なの。
してほしい変換	本気になれば何でもできるって，いつも言ってるよね。
背中のひと押し	あなた自身の本気を信じて，行ってらっしゃい！

　発表会は，誰でも緊張するもの。むしろ緊張は重要です。先生は，この緊張を「本気の証拠」ととらえています。手が震えていることを忘れさせる，「本気になれば何でもできるわよ」という安心のキーワードを入れています。このことによって，舞台に上がる勇気もわいてきますね。

第2章　4ステップで簡単！ペップトークの作り方

2 ステップ1
受容（事実の受け入れ）

事実は1つ，解釈は無数

　1つの物を見ても，1つの事柄においても，人によってとらえ方が違うことは，よくあります。

　例えば，ここにガラスのコップがあります。これは，事実でしょうか？　解釈でしょうか？

　ほとんどの皆さんが，「これは何ですか？」と聞いた時に，「コップ」と答えるでしょう。それは，コップは飲み物を入れて飲むものだということを体験を通して知っているからではないでしょうか。全く初めてコップを見るという人がいた場合，飲み物を入れて飲むものだとわかるでしょうか。実は，これが「コップ」であるというのは解釈なのです。

　これに鉛筆やボールペンを入れたらどうでしょう？　ペン立てになります。水を入れ，水草を入れて，メダカの卵がかえった時は，水槽になるわけです。

　「コップ」という解釈の他に，「ペン立て」そして，「水槽」という解釈がありました。このように，まだまだ解釈の仕方はあるでしょう。

　まずは，「事実を受け入れる」ことの大切さを，私の失敗を通して，お伝えします。

私の失敗談

　私の過去の失敗は，子どもたちの行動（見える部分）を見て，その善悪に対して，指導してきたことです。

　遅刻してきた生徒に対して，
「何で，遅刻してくるんだ」

と第一声。当然，生徒は，ふてくされた態度を示します。そこに追い打ちをかけるように，

「何，ふてくされてるんだ」

　あとで，副担任から聞いてわかったことですが，母子家庭のその生徒は，母親が朝早く仕事に出ていく毎日でした。生徒が出る時に，小学生の妹の鼻血がなかなか止まらず，手当をしたり，血の付いた服を変えたりしていて，遅れたとのこと。

　本人に，申し訳ない気持ちとともに，遅刻した背景を見るゆとりのない自分を反省しました。

　この時，私はどういう行動をとればよかったのでしょう。

　人間関係は，第一声がポイントです。

　A君に対して，

「おう，遅刻しちゃったなあ。何かあったのか？」

　つまり，遅刻を受け入れることによって，A君の心の解放ができるのではないでしょうか。妹の朝の事件を聴くこともできたかもしれません。そして，A君に対して，

「それは大変だったなあ。でも，お兄ちゃんとして，本当に優しいなあ。その優しさは，きっと学級の中でも活きると思うよ。ご苦労さんだったね。さあ，教室に元気に入ろう」

と，ペップトークで背中を押すとともに，教室で，他の生徒に対して，A君の優しさを披露することができたことでしょう。

　私のような失敗をしないためにも，

> まずは，すべてを受け入れる。

　子どもも大人も，すべての言動という事実の裏には，原因があるわけです。原因を調べることで，マイナスに見えていたこともプラスになったり，逆にプラスに見えていたことも，マイナスになったりすることがあります。

第 2 章　4 ステップで簡単！ペップトークの作り方

3 ステップ2
承認（とらえかた変換）

とらえ方は無数 ///

　ステップ１で説明した「コップ」も，解釈の仕方はいろいろあったように，実際に起こっていることに対しても，人によってとらえ方は無数にあるでしょう。例えば，とらえる人の立場が違う場合や，状況が違う場合，事実に対するとらえ方にギャップが生じることがあります。

（例１）立場が異なる場合
　サッカーの試合で，県内でもトップクラスと言われるチームと引き分けた。

　ここでは「引き分け」という事実があります。立場が違うと，とらえ方が変わる場合があります。
　例えば，選手は「あんなに強いチームと引き分けることができた。これは勝ちに等しい」ととらえたのに対して，コーチは「勝てるチャンスだったのに，なぜ勝てなかったんだ」ととらえたとします。この後のミーティングで，両者の思いにはギャップがありますね。

（例２）状況が違う場合
　朝から雨が降っている。

　「雨が降っている」という事実があります。この事実に対して，Aさんは，「新しく買った傘をおろせるチャンス」ととらえました。Bさんは，「朝から雨なんて，もう出かけたくないなあ」ととらえました。この２人，今日一日，

どちらが楽しい気持ちで過ごすことができるでしょう。
　例１，例２のように，とらえ方によって，その後の思いや行動が大きく変わっていくことがわかってもらえたのではないでしょうか。

ネガティ語からポジティ語への変換

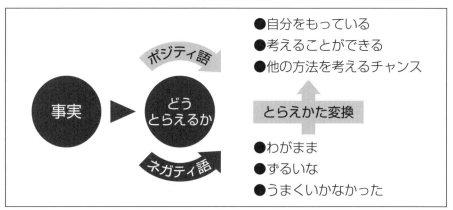

とらえかた変換

　事実のとらえ方によって，その後の動きが真逆になります。「うまくいかなかった」を例にとると，脳は「うまくいかなかった」理由を一生懸命考え始めます。できない理由が次々出てきて，「だから，うまくいかなかった」と，投げやりな気持ちで結論づけます。しかし「他の方法を考えるチャンス」ととらえることで，他のできる方法を考えるために脳がフル回転します。そして，「こんな方法がある」「あんな方法もある」と，できることを一生懸命考えますね。

学校現場でのとらえかた変換

　学校現場は，先生方が「とらえかた変換」，ネガティブな言葉「ネガティ語」をポジティブな言葉「ポジティ語」に変える練習がしやすいところではないでしょうか。学校では日々子どもたちが，自分たちの思いを発してくれます。中でもネガティブな思いを発する子は多くないでしょうか。そんな時

は，「とらえかた変換」のチャンスです。

（シーン１）重い荷物が複数あり，片付けるお手伝いを頼みたい。野球部のＡ君は力もちなので，頼むことにしました。
Ｔ：「Ａ君，この荷物を運ぶの手伝ってくれない？」
Ａ：「めんどくさい」　　＊ネガティ語が出たら「とらえかた変換」
Ｔ：「めんどくさいけど，先生を助けて。筋トレだと思えば得するよ」
Ａ：「仕方ないなあ」
Ｔ：「ありがとう。助かるわ」

「めんどくさい」という思いや言葉は，子どもからよく出ます。この「めんどくさい」が出たら，「とらえかた変換」チャンスです。

（シーン２）失敗した時に，人のせいにする子はいませんか。
Ｂ：「○○ちゃんのせいで，失敗した」
Ｔ：「そうなの，Ｂちゃんも，最初はうまくいくと思ったの」
Ｂ：「だって，○○ちゃんが言ったもん」
Ｔ：「なるほど，○○ちゃんがＢちゃんの代わりに考えてくれたんだね。ありがとうは言えたかな」
Ｂ：「言ってない」
Ｔ：「どんな方法なら，うまくいくの」
Ｂ：「わからない」
Ｔ：「あのね，○○ちゃんの方法は，うまくいかなかった。『この方法は，うまくいかない』ということが，わかったわけだ。つまり，うまくいかないって証明ができた成功じゃない。２人で，違う方法を考えてみようよ。きっと次はうまくいくよ」

日々，「○○のせいで…」「先生のせいで…」と言い続けている子がいたら，

「とらえかた変換」のクイズを出してくれる出題者だと思うと，その子が大事な役割を担っていることになりませんか。

陰陽説につながる，とらえかた変換

　私は，生徒指導・教育相談に活用するために，個性心理學という学問を学んでいます。教員生活の半分以上は，この個性心理學を活用してきました。これは，古代中国から伝わる「四柱推命」という占学をもとにして，現代風にわかりやすくしたものです。

　この中で，陰陽五行という考え方を学ぶわけですが，「すべての物は『陰と陽』の2つのエネルギーで構成されている」といわれます。これは，簡単にいうと，「すべての物には，表があり，裏がある」「表裏一体」ということです。

　男と女，海と山，木と根，北と南，昼と夜，剛と柔，空と地，などでわかるように，必ず相反するものが隣り合わせにあるのです。

　インドのヨガも，この考え方で行われています。伸びる筋肉と縮む筋肉。つまり，伸ばしている部分があれば，縮まっている部分があるということですね。ストレッチも同じです。

　自然においても，雨の絶対量は変わらず，どこかでたくさんの雨が降れば，その逆に乾いてしまうところがあると，理科の先生に教えてもらったことがあります。

　ものごとの考え方も同じではないでしょうか。テレビや新聞の記事も，見方によっては，とらえ方が全く違って，善が悪になったり，悪が善になったりということもありますね。

　とらえかた変換というのは，まさにこのことです。見る視点を変えることで，ネガティブなこともポジティブに変えることができるわけです。

　30代のころ，講演家の清水英雄さんの「ピンチはチャンスだ，ありがとう！」という講演を聴いて感動したのは，この「ネガティブなことをバネにして，より高く前向きに進もう。見方，考え方を変えてみよう」という事だ

ったのです。まさに陰と陽の関係です。

子どもの状態も陰と陽の関係でとらえる ////////////////////////////////

　困ったり，悩んだりしている子どもの心の状態も，陰と陽の関係でとらえ直すことで，「とらえかた変換」ができます。

（例１）卒業生を送る会の実行委員を指名されて

陰：「困っている」（今の感情）

　　　　↓

　　一生懸命考えている　だから　困っている

　　　　↓

陽：「一生懸命の証拠」（本当の理由）

「どのように進めていいか，困っているようだね」（受容）

「それは成功させようと，一生懸命考えている証拠だよ」（承認）

　大役を任され，「困っている」思いを受け止めることで，理解してもらえている安心感につながります。「役割を遂行しようと，一生懸命考えている」と変換することで，できない理由を考えるのではなく，できる方法を考える方向に向かうことができるよ，と励ましていきます。

（例２）けがで筋トレしかできなくて悩んでいる

陰：「普通の練習ができなくて悩んでいる」（事実の受け入れ）

　　　　↓

　　筋トレしかしていない　だから　筋力がつく

　　　　↓

陽：「筋力がつく」（チャンスだありがとう）

「けがで練習ができなくて焦る気持ちわかるぞ」（受容）

「でも，しっかり筋トレやってるじゃないか。治った時の安定感が半端じゃないぞ。今は，成長の準備期間だよ」（承認）

　このように，陰と陽の関係は，表裏一体。どちらが良いか，悪いかではなく，どのように考えるかが大切です。

できないところに目が行っていませんか

　円の図を見て，みなさんはどこに目が行きますか。講演・研修会で参加者に聞くと，ほぼ全員の方が，「切れているところに目が行く」と答えられます。例えばこれが，100点満点のテストだとすると，95点は取れていますよね。切れている5点に目が行くと，「あと5点で100点だったのに，なぜもう少し，頑張らなかったんだ」というプッペトークになります。本人は，「頑張って95点取れたのに，なんで…？」となりますね。どんな声がけが良かったのでしょう。できていない5点に目を向けるのではなく，できている95点に目を向けてほしいですね。なぜならば，ほとんどできているからです。

どこに目が行きますか？

　「頑張ったね，95点だよ。100点満点も目の前まで来たじゃない」とペップで投げかけることによって，次の意欲につながりますよね。

　知人の話ですが，小3のお子さんが，学校から算数の答案用紙を持って帰り，おそるおそる，お母さんに見せたそうです。何と，その点数は15点。お母さんは，「A君，いいじゃない。あと85点も伸びしろがあるわよ」と笑い飛ばしたそうです。その後，そのお子さんは，学級や学校のリーダーになるなど，大活躍。お母さんの器の大きさが，おおらかなお子さんを育てることになるのです。大切なお子さんだからこそ，できたところを伸ばしていきたいものです。

第2章　4ステップで簡単！ペップトークの作り方　33

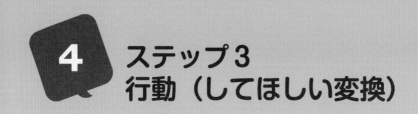

ネガティブな言葉はネガティブな結果を生む

　脳は，否定形を理解できません。そのことを理解するために，セミナー内でよく実施する例を紹介します。
　パワーポイントで，大きく「梅干し」と表示したものを見せます。

> 「皆さん，『梅干し』を想像しないでください！」

　いかがでしょうか？　「梅干し」を想像しなかった人はいますか。梅干しの種類は，人によって違うでしょうが，梅干しを見たことも聞いたこともない人以外は，あの酸っぱい「梅干し」を想像してしまうわけです。
　この後，「ピンクのゾウ」を想像しないでください。と続きますが，「ピンクのゾウ」はあり得ないにもかかわらず，ピンクのゾウを想像してしまいますね。これは，脳は否定形「〜しないでください」を理解できないということです。
　バレーボールのサーブの際に，サーバーを頑張らせるために，「大事な場面，ミスしないでね！」と声をかけている先生や仲間を見かけます。サーバーは，どんなイメージを描くでしょう。
　（そうだ，ここは大事な場面だ，ミスしたらまずい，ミスしたらどうしよう…）つい，サーブでミスしている自分をイメージしてしまいます。結果は，やはり…ミス，なんてことはありませんか。
　少年野球のチームが試合をしている時に，コーチや監督から，「ピッチャー，球走ってるよ。高めに手を出すな！」と声がかかります。バッターは，（高めに手を出さない，高め，出さない）と思いながら，結局，高めが来た

時に振ってしまう。コーチは，「高めに手を出すな！って言っただろ！」となるわけです。

　つまり，

「ミスするな！」は「ミスしろ！」
「負けるな！」は「負けろ！」

となり，ネガティブな言葉は，ネガティブな結果を生み，ポジティブな言葉は，ポジティブな結果を生むことになります。

とっさの否定語が

　学校の中では，この「してほしい変換」を見かけることが増えました。以前，学校では，「廊下を走るな」とか，「さわがない」という張り紙を見かけましたが，最近は，「廊下は静かに歩こう」とか，「静かに」というように，「してほしい」ことが書いてありませんか。

　私が，遭遇した光景で，車の中からこんな危険な場面を見たことがあります。2人の子どもを連れて，幼稚園に送っているママらしき女性。お友達と話をしながら，信号のすぐそばの横断歩道を渡って子どもを送っていこうとすると，下のお子さんでしょうか，よそ見をしていたのか，渡る手前で取り残されていました。信号が青に変わって，車が動き始めました。ついてきていない下の子に気づいたお母さんが，

「来ちゃダメ！　渡らないで！」

そのような言葉を言っていたようです。

　下の子は，泣き出して，走り始めました。その瞬間，大きなブレーキの音。車はお子さんの，手前で止まりました。もちろん，横断歩道ですから，歩行者優先ですが，運転手は朝の通勤のために，他の車の流れに沿ってしまったのです。この時，子どもを守るために叫んだ言葉は，否定語ばかり。小さな子には，否定語は余計に通用しないかもしれません。

第2章　4ステップで簡単！ペップトークの作り方　35

お母さんは、どう言えばよかったでしょうか。突然の事ですので、冷静にというわけにはいきませんが、大きなジェスチャーとともに、「そこで待ってて！」とか、「車が止まってからね」などと言っていたら、小さなお子さんは、どんな行動をとっていたでしょう。

ポジティブな言葉でしてほしいことを伝える //////////////////////////////

してほしいことを肯定的に伝えて、行動に導きましょう。ここで、意識したいことは、相手にしてほしいことを伝える際に、ポジティブな表現を使うということです。行動を起こさせるわけですから、ネガティブな表現は、相手の行動しようとする意欲を萎えさせてしまう事にもなります。

ネガティブ	ポジティブ
廊下を走るな	→ ゆっくり歩こう
事故らないで	→ 安全運転で
騒ぐな	→ 静かに
あきらめるな	→ 最後までやろう
あせらないで	→ 自分のペースで
忘れ物するな	→ しっかり準備しよう
遅刻するな	→ 5分前集合！
負けるな	→ 自分の力を出し切れ
不規則な生活だと病気になるよ	→ 規則正しく健康的な生活をしよう
勉強しないと試験落ちるよ	→ しっかり準備して試験に備えよう

上の表は、ネガティブな表現をポジティブな表現に変換したものです。ネガティブな表現は、ごく普通に使われていることに気がつきませんか。

脳は、耳から入った言葉に反応します。そしてそれが行動に移るきっかけとなります。また、脳は否定語を理解できないとも述べました。「廊下を走るな！」と言われて「走る」をイメージしてしまい、つい、スピードが上が

ってしまうのです。

　地下鉄のホームで，「駆け込み乗車はおやめください」のアナウンスがあった瞬間に走りだす人が多くいます。聞く側としては，「駆け込めば，間に合うのか」と思って走っている人もいるでしょう。

　小学校の子育て講座の中で，お母さんたちに質問しました。

　「お母さん，お子さんが家を出る時に，『忘れ物無い？』と聞いたことはありますか？」

　なんと，50名ほどの会でしたが，ほぼ全員の手があがりました。この言葉は，お子さんにとって，全く心に入らない言葉ではありませんか？　忘れ物があれば，始めから取りにいっているはずですから。では，どのように聞くのが良いでしょうか。

　例えば，「連絡帳を見ながら，準備できたかな」「○○は，カバンに入れたかな」などなら，具体的な行動の仕方がわかりますね。

　バスケットボールの市内大会の予選リーグで，あと１勝するか否かで，決勝トーナメントに進むことができる試合の前に，監督から

「絶対負けられない試合だ。負けると決勝トーナメントに進めないからな」

　この励まし方，よく使われています。「負けられない」で「負ける」をイメージ。追い打ちをかけるように「負けると」そして「進めない」。決して，この監督は，負けてほしいと思っていません。生徒を励ますつもりで使っているのです。では，どう言えばいいでしょう。

　「今までの練習の成果を発揮して，勝利をイメージして向かおう！」

　これなら，「練習の成果を発揮」で，練習の頑張りをイメージすることができます。「勝利をイメージ」で，自分たちが勝っている状態をイメージするので，前向きに行動を起こすことになります。

　してほしい変換をして，ペップトークをする場合，結果の指示ではうまくいきません。「この試合絶対，勝ってこい」は，「結果」の指示です。行動の指示は，「この試合，練習の成果を発揮して，今ある力でベストを尽くせ！」となります。

第２章　４ステップで簡単！ペップトークの作り方　37

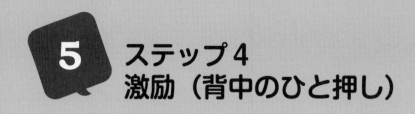

心の準備ができました

　最後は，一歩を踏み出すための激励の背中のひと押しです。今の感情や状況を受け入れ，状況をポジティブにとらえかた変換をし，本番に向かってどのような行動をとればよいか理解し，やる気に満ちてきました。短距離走でいう，「位置について」「用意」まできて，号砲が鳴るのを待っている瞬間です。この号砲が，心に火をつける背中のひと押しとなります。

　学校内で，よくあるシチュエーションでの「背中のひと押し」の例を紹介します。さあ，できることからやってみましょう！

いろいろ手につかず，何からやっていいかわからない時
　「1つだけでいい，1つだけ手に入れよう」

目標は高いが，結果が出ていない子に向かって
　「大丈夫，一歩ずつ近づいていくから。さあ，今日も前進！」

掃除に対して，一生懸命取り組ませたい時
　「君もピカピカになるよ，さあ，やってみよう！」

自信がなくて，なかなか前に進むことができない時
　「こんなにできているから，大丈夫！」

　これを見ると，小さな一歩だと感じませんか。積極さに欠ける児童・生徒にとっては，確実な「できた」という自信を次の挑戦につなげたいものです。

結果にこだわりすぎない

　先生方が活用する場合，気をつけなければいけないことは，「結果」にこだわり過ぎないということです。「結果」を求めすぎると，子どもはプレッシャーになります。

　「絶対，勝って来いよ」

　「絶対，受かってね」

　「絶対，うまくまとめてね」

　確かに，「してほしい」事を言っています。しかし，いかがでしょうか。子どもたちにとってプレッシャーになりませんか。

　教育として考えるならば，「結果」を求めることは大切です。でもそれ以上にそこに向かって努力する「過程」が，より大切なのではないでしょうか。「過程」に対して声がけをすることを心がけたいものです。

　試合に向けて，

「絶対，勝って来いよ」→「今できることで，ベストを尽くそう！」

という「背中のひと押し」で，勝ちを狙っていくわけですが，気持ち的には追い込まれた感じがしませんね。

　試験合格に向けて，

「絶対，受かってね」→「落ち着いて，学んだことを思い出してね」

という「背中のひと押し」で，試験に向かうわけですが，落ち着いて取り組むことができるのではないでしょうか。

　行事の進行を任された子に，

「絶対，うまくまとめてね」→「始まりと，終わりが決まれば大丈夫だからね」

という「背中のひと押し」で，まずは最初と最後をしっかり言おうという気持ちになり，安心感につながります。

第2章　4ステップで簡単！ペップトークの作り方　39

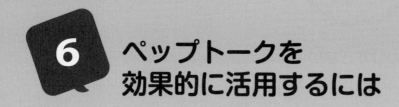

6 ペップトークを効果的に活用するには

信頼関係なくしてペップトークはない

　こうして，4つのステップで，ペップトークが組み立てられています。このステップを踏むことで，ペップトークが出来あがります。ここで，大切なことがあります。

　今から本番に移ろうとしている相手に対して，誰が声かけをしますか？何度か述べてきましたが，励まされる相手との信頼関係なくして，励ますことはできません。ただ，例外として，深いつながりが無くても，励まされる本人が尊敬しているとか，あこがれているなどがあれば可能です。

「校長先生に，励ましてもらった」
「〇〇先輩に，励ましてもらった」
「〈有名な〉〇〇さんに，励まされた」
などで，心に火がつくことはありますよね。

　学級の子ども，学校の子ども，保護者，同僚の先生方がお互いにコミュニケーションがしっかりとれていると，本番に向かう子どもへのペップトークが生きる相手が増えるということになります。

　ペップトークは，人がつきあう中で，コミュニケーションのための必要不可欠なものになるかと思います。

セルフペップトーク

　もう1つ大切なことがあります。

　それは，目の前の大切な人を励ます前に，自分自身が元気な状態をつくることです。応援される時に，元気な人とそうでない人と，どちらから応援される方がいいでしょうか。

普段から，自分自身を励ます「セルフペップトーク」を身につけていると
いいですね。

　３３７拍子のリズムに合わせた「３３７ペップトーク」を紹介します。こ
れは，自分自身のみならず，相手に対しても活用できます。

　３３７拍子は，「○○○！　○○○！　○○○○○○○！」ですね。この
○の中に，リズムよく言葉を入れていくわけです。

　できる！　できる！　かならずできる！
　なれる！　なれる！　かならずなれる！
　まえへ！　すすめ！　かならずいける！

　この３３７拍子をつぶやくだけで，元気が出るような気がしませんか。

　３３７拍子は，目の前の頑張らせたい子に対しても有効です。

　こんな経験があります。市内の陸上競技大会で，走高跳に出場のみそらさ
ん。練習では，十分上位入賞できるほどの力をもっている生徒でしたが，緊
張からか，１本目・２本目と落としてしまいました。気がついたのは，審判
に呼ばれて，返事をしてすぐに走り始めていることでした。

　練習の時には，自分の位置をしっかり決めて，イメージをつくってから走
り始めているのに，大事な試合で緊張のあまり，自分を見失っているのです。

　２本目を終えた時に，そばに行った私は，
「みそらさん，まだ１本あるから大丈夫だよ。（審判に）呼ばれて，位置につ
いたら，今から先生が言う事を言ってから，スタートするんだよ。

　『跳べる　跳べる　みそらは跳べる　跳べる　跳べる　みそらは跳べる
　跳べる　跳べる　みそらは跳べる』

　こうして３回言ってから，バーを越えたみそらをイメージしながら行って
ごらん。さあ，３３７拍子の練習だ」

　みそらさんは，自分で「跳べる　跳べる　みそらは跳べる…」と言う練習
をしました。

第２章　４ステップで簡単！ペップトークの作り方　41

私は戻り，遠くから見ていると，みそらさんの最後の試技。スタート位置に行く姿に少し自信を感じました。スタート位置に立っても，先ほどまでのようにすぐには動かない。口を動かしているのが，遠くからも感じられます。ゆっくりと時間をとって走り始めたみそらさん，先ほどまでとは大違い，バーよりかなり高いところを見事クリア。その後，高さが上がっても落ち着いて，セルフペップの３３７拍子。結局，最後の一人まで残り，優勝。もし，あの時３３７ペップを使っていなかったら…。

　「言葉の力」の凄さとともに，突然の声がけにもかかわらず行動できた，みそらさんの素直な生き方に感心しました。

　セルフペップトークは，理屈無しで，素直に言ってみることが必要です。

中学生のための自分に向けての３３７ペップ

今日も元気に過ごしたい
　「笑顔　笑う　私は元気」
　「今日も　元気　一日ファイト」
　「起きろ　起きろ　学校あるぞ」
部活動の試合で頑張りたい
　「ねらえ　ゴール　めざすは勝利」
　「走れ　耐えろ　タスキを渡す」
　「越えろ　標準　俺ならできる」
ゲームをしていて
　「クリア　クリア　今日こそクリア」
試験の前に
　「気合い　入れて　テスト勉強」
　「読める　書ける　これで完璧」
掃除をしながら
　「磨け　ガラス　曇りをゼロに」

母親のかわりに，夕食を作る
　「できた　食べて　おいしいと言って」

　このように，３３７ペップトークは，いろいろな場面に活用できます。
　自分に対してはもちろん，大切な仲間に向かって。そして大勢で声を合わ
せることで，チームに対する大きな応援に。

「入れろ　入れろ　必ず入れろ」
「入る　入る　必ず入る」
「回せ　回せ　ゴールは近い」
「打てる　打てる　必ず打てる」
「ねらえ　ねらえ　一転集中」

など，リズムのよい３３７ペップトークを，チームの応援に使ってみてはい
かがでしょう。

５７５ペップトークに応用

　川柳の５７５のリズムで，自分自身や大切な仲間を励ますスイッチを押す
こともできます。ふと思いついた時に，書き留めておくといいですね。

できる感スイッチ　…作文にしっかり取り組ませたい
　　　　　　　　　　　　「自分メモ　苦手な作文　スラスラと」
ワクワク感スイッチ…卒業式の練習に気持ちを入れさせたい
　　　　　　　　　　　　「夢描き　今日がスタート　晴れ舞台」
安心感スイッチ　　…受験の悩みを解消させたい
　　　　　　　　　　　　「ここ越えて　夢に近づく　山登り」

第2章　4ステップで簡単！ペップトークの作り方

Column
褒め言葉を使って，子どもに自信をもたせる

特別支援学級を担任したことで，『褒める』ことが上手になったと自覚します。「できて当たり前」のところから，「何ができるのだろう」とできたことに対して視点がいくようになったからです。このことは，特別支援学級に限ったことではないという事にも気がつきました。

褒め上手は，ペップトークに直接つながるのです。プラスのところに目を向けるわけですから。

11年間の特別支援学級の担任歴は，私にとって言葉を磨く修行の場だったかもしれません。もちろん，楽しい修行ですが…。

褒める経験を通じて，何を褒めるとよいのか，わかったことです。

①その子の頑張っている姿を褒める（行動を褒める）

→ ○○を，本当に頑張ってるね。きっと○○になるよ。

→ 他の子では，やれないことを，よく勇気を出してやれたね。

②できるようになったことに対して褒める（結果を褒める）

→ ○○ができるようになったじゃない。成長したね。

→ 君の努力が実を結んだね。これが今からの君の基準だ。

③人に対する，思いやりのある言動に対して褒める（気持ちを褒める）

→ ○○ちゃんが困ってた時，よく声かけたね。優しさに涙がでそう。

→ 学級のために，陰で動いていること知ってるよ。ありがとう。

④生徒が頑張って，得意顔をしている時に褒める（自信を褒める）

→ さすがだね，○○の達人だね。（スペシャリストだね）

→ すごいぞ，今度，先生を交代して，代わりにやってくれるかな。

褒めるタイミングが，大切なこともわかりました。時間が経ってからでは遅いのです。今すぐ褒めてあげたいですね。

他にも，学級担任以外の先生に褒めてもらうのは，効果があります。その先生に，その子の良さを知らせることにもなりますね。

褒め言葉を磨くことで，教師力もつくと信じています。

第3章

子どものやる気を引き出す！
場面別
ペップトーク集

できる感スイッチでやる気を引き出す

1 朝のあいさつを
しっかりさせたい

朝のあいさつを「笑顔で，元気よく，自分から」していますか？　あいさつは自分からが鉄則です。「あいさつをしっかりさせたい」のなら，先生自身が習慣化させることです。朝，子どもに出会ったら，瞬時に「おはよう！」と笑顔で，元気よく，リアクションを大きく行うことです。

場面・子どもの心の状態 //

　朝，出がけに母親と何気ないことで言い合いになり，ふてくされながら家を出てしまった。下足室にとぼとぼと登校してきたＡ君にあいさつした先生。Ａ君は，あいさつどころではありません。何と声がけしてあげましょう。

こんな時の PEP TALK! //

事実の 受け 入れ	どうした，元気ないんじゃない。嫌な思いすることがあったんだね。
とらえ かた 変換	天気だって晴れの日も雨の日もあるんだから，そんなこともあるよ。
して ほしい 変換	やせ我慢でいいから，いつもの元気な声で，教室のお日様になれるといいね。
背中の ひと 押し	さあ，パワーアクションで，「おはよう！」と言いながら教室に入っちゃおう。

解説 //

　普段元気な子どもが，登校時に不機嫌な場合，多くが朝，母親との何かしらのトラブルが原因であることが多いようです。就寝が遅くて起きられず，母親に無理に起こされたという，甘えからのふてくされ。学校からのお便りを朝になって見せて，準備物がいることに気づき，直前に言って，母親を困らせることになり，「何で今ごろ…」「(朝に急に言うのが)いつもだよね」など，言ってもどうにもならないことで，母親が子どもに愚痴を言う。

　先生方にとっては当たり前かもしれませんが，このように子どもが不機嫌な時は，子どもを通して，家庭の様子をうかがうチャンスだと思っています。「お母さん，どんなこと言った？」「ふんふん，なるほど…そりゃあ，いやんなっちゃうよね。でもね，先生はそうやって言われてるＡ君のことうらやましいよ。先生のお母さんは，先生が２歳の時に…」など，自分の身の上話をしながら，Ａ君の心を緩めていくのです。こんなことがお互いの理解を深めて，信頼につながるのではないでしょうか。

　大切なことは，最初にも書きましたが，いかに先生が，普段から子どもに「笑顔で，元気よく，自分から」あいさつしているかにかかっていると言えるでしょう。あいさつはコミュニケーションの第一歩。私は通勤時，朝コンビニによって，支払いの際に，必ず「ありがとう」と言うことを心がけてきました。中には，無愛想なアルバイト店員もいます。でも，毎朝決まった時間に「ありがとう」と発していると，あいさつが返ってくるようになるのです。この瞬間は嬉しいものです。子どものあいさつも，即効性を求めなきゃいいんです。

Point

・まずは，子どもの不機嫌な様子の背景を知ろう。

・学級にとって大切な存在なので，元気なＡ君を目指させよう。

・元気な様子を見せてくれたＡ君に，称賛を浴びせよう。

第３章　子どものやる気を引き出す！場面別ペップトーク集　47

2 できる感スイッチでやる気を引き出す
５分前行動を促したい

朝は，母親から「早くしなさい！」，学校では，級友から「早く，早く」と言われている子はいませんか。こんな時こそ，先生が，この子の背景を見ながら，じっくり時間をかけて，５分前行動ができるようにさせてあげたいですね。

場面・子どもの心の状態 //

　今日も朝，母親から「早くしなさい」，体育館に集まるのに，前の時間の片付けが遅くて，体育館に集まる時間に間に合いそうにないＡちゃん。怠けているわけではないのに，焦るばかり…。

こんな時の PEP TALK! //

事実の受け入れ
> 片付け，困ってるね。体育館に集まる時間だから，あせってるのかな。友達，みんな待ってるしね。

とらえかた変換
> Ａちゃん，いつも丁寧に片付けしてるからねえ。持ち物を大切にする子は，勉強もできるようになるよ。

してほしい変換
> みんなＡちゃんが来るのを待ってるから，教科書，ノートの角だけそろえて，道具箱に入れようか。

背中のひと押し
> ほら，角がそろって，きれいに見えるね。Ａちゃん５分前に間に合うよ。さあ，みんなのところに行こう！

48

解説

　行動の遅い子は，きっと家庭でも母親から「早くしなさい」と言われ続けているはずです。朝一番から「早く起きなさい」「早く着替えなさい」「早く食べなさい」「早く，早く」お母さんの，『早く攻撃』で疲れているかもしれません。もし，時間がゆったりした国に住んでいたら，きっと幸せだったかもしれませんね。悲しいかな，学校に行くようになると，どうしても時間に追われた生活になりますね。小学校で担任した，Ａちゃん。毎日毎日，お母さんに言われていたようです。

母「うちの子，何でも時間がかかって困ってるんです。毎年，先生に『早くできるようになるといいですね』と言われてるんですが，変わらなくて」

　お母さんも，先生から指摘され，何とかしなくちゃという気持ちと，何ともできない思いで，どうしていいのかわからない状態でした。そこで，

私「お母さん。Ａちゃん，学校で片付けがとっても丁寧なんですが，お家ではどうですか」

母「はい，丁寧にお片付けできます」

私「そうですよね。丁寧にお片付けができるって，とってもいいことですよね。お母さん，褒めていますか」

母「はい，小さい頃は，褒めていたんですが…」

私「そのことをしっかり褒めてあげましょうよ。できている素晴らしいことを褒めてあげて，早く片付けられる具体的な方法を教えてあげましょう」

　お母さんの顔が，明るくなりました。子どもの良さを思い出して，「早くしなさい」ではなく，具体的な言葉を発する勇気が湧いてきました。

Point

・まずは，早くできない原因を見つけよう。

・その中に，キラリと光るものを見つけて褒めてあげよう。

・早くできるための,具体的な方法を伝えて，できたことを褒めよう。

できる感スイッチでやる気を引き出す

3 テストで目標を達成させたい

中学生にとって，定期テストは成績を左右する大切なテストです。それぞれが目標を立てて，取り組むわけですが，個人の意欲も含めて大きく成績が変動する生徒も多いようです。また，中には家庭の複雑な事情によって，なかなか学習に取り組むことのできない生徒もいます。

場面・子どもの心の状態 //

　定期テストで，目標に届かなかった中学校2年生のA君。成績表を受け取って，がっかりしています。今回のテストの感想用紙を読むと，母親の看病も重なり，疲れからか自信を失っている様子がうかがえます。

こんな時の PEP TALK! //

事実の受け入れ
> お母さんと約束した順位に届かなかったんだって。自分でもやるぞ！って言ってたからがっかりしたかもしれないね。

とらえかた変換
> でも，残念だったって思える子は，次に伸びる可能性を秘めてるんだぞ。バネは縮めば縮むほど高く飛び上がるぞ。

してほしい変換
> A君が見直すことは，課題提出になってるね。家でできない事情があれば，学校で休み時間にやってみるといい。

背中のひと押し
> 隙間時間を上手に使う人は，会社経営も成功するんだって。A君も，お母さんの会社の凄腕の社長を目指そう。

50

解説

　中学校２年生のＡ君は父・母・妹の４人家族。父親が海外単身赴任中で年に２度ほど帰国する程度。母親が持病で入退院を繰り返していました。春の家庭訪問で状況把握はできていましたが，今回のテスト反省をもとに教育相談をすると，実際の生活はＡ君に負担が大きくのしかかっている状態です。テスト後，Ａ君と一緒に目標達成のために作戦を立てることにしました。

①現在の生活を振り返る

　病院に母親の洗濯物を届けたり，買い物，食事の準備，風呂，小３の妹の面倒を見たりしている。自分より妹の事を優先して生活をしている。

→「間違いなく，妹は感謝してるよ。頼られるお兄ちゃんになってるね」

②母親との約束

　「テストで頑張る」と約束していたが，目標達成できなかった。

→「お母さんは，テストの事より，Ａ君が妹の面倒を見て，元気に生活していてくれることにありがたいと思ってるよ。落ちたなって思ったら，バネを縮めたと思おう。バネは縮めれば縮めるほど高く飛び上がるぞ」

③課題提出もできないほど，Ａ君の役割が多い

　空いている時間を探したら，学校にいる時の休み時間。

→「時間の使い方を工夫するしかないね。成功している会社の経営者は，ちょっとした時間を上手に使うんだって。Ａ君も凄腕の社長を目指そう」

　Ａ君は，新たな目標を定め，次の定期テストに向けて頑張ることを，自分自身に約束。画用紙に，「すき間時間を上手に使う，凄腕社長になる！」と書き，家の机の前に貼ったと嬉しそうに報告していました。

Point

- ・生徒の背景（家庭状況）を理解した上で，頑張りを認めよう。
- ・生活を見直すことで，短時間でできる方法を一緒に考えよう。
- ・目標を決めて，自分との約束をした生徒を見守ろう。

4 できる感スイッチでやる気を引き出す
苦手なことに挑戦させたい

誰でも，得意なこともあれば，苦手なこともあります。苦手なことは，過去に体験をしていることが多いようです。親としては，苦手なことに挑戦して頑張る子どもを応援したいのに，なかなか思うようにいきません。むしろ余計に，苦手なことを避けるようになってきます。

場面・子どもの心の状態 //

　体育の授業で，障害走。Ａちゃんは，ハードルの前まで走ると立ち止まってしまいます。今日はＡちゃんの大嫌いな障害走。みんなで，ハードルを並べている時も，嫌で嫌で仕方がありません。

こんな時の PEP TALK! ///

事実の受け入れ

　Ａちゃん，ハードル重そうだね。跳び越えられるか心配なんだよね。めちゃくちゃ頑張らないと跳べないからねえ。

とらえかた変換

　でもね，今日越えることができたら，Ａちゃん，自信がついて何でもできるようになるかもしれないよ。

してほしい変換

　Ａちゃん，お楽しみ会でやったように，横に並んでる跳び箱に乗って越えていくんだよ。

背中のひと押し

　Ａちゃん，跳び箱越えたじゃない。今度は，ハードル１台だけ，思い切って行ってごらん。さあ，頑張ろう！

解説 //

　ハードルを越えることができなかった小学校4年生のAちゃん。友達の話では，3年生の時に強く足をぶつけたことから，怖くて立ち止まってしまうとのこと。痛い体験や，怖い体験をすると，そのことがトラウマになり，そこを避けるようになるのは，誰でも経験することです。

　Aちゃんの場合は，3年生の時に痛い思いをしました。そのことが壁になり，また痛い思いをすると思い込んでしまうのです。

　Aちゃんが，何とか跳べるようにしようと，クラスのみんなも協力してくれました。お楽しみ会で障害物競走をした時に，跳び箱を使ったことから，ハードルと同程度の高さにして横に並べました。

　跳び箱の上に跳び乗り，越えていきます。Aちゃんは，お楽しみ会でやったことを思い出して，難なく跳び乗って越えることができました。

　同じ高さですが，モノが変わると，不思議に壁になってしまいます。Aちゃんにはハードルにぶつけて痛かったことが思い出されます。

　いよいよAちゃんは，横に並ぶハードルに挑戦。「Aちゃん，同じ高さだよ。1台だけ，1台だけを越えるんだよ。大丈夫，ハードルより大きな跳び箱越えられたんだから」周りの「Aちゃん，頑張れ！　Aちゃん，頑張れ！」の声に背中を押され，走り始めました。いつもなら，ハードルが近づくとペースダウンするのですが，今日は違います。Aちゃんは，ハードルに向かっています。「跳んだ！」みんなの「やったー！」の歓声と拍手。Aちゃんは1台のハードルを越えることができました。ニッコリ笑って，跳ねるように戻ってきたAちゃんでした。

┌ **Point** ─────────────────────────

- ・苦手なものへの挑戦は，似たようなことで簡単にできることから。
- ・できたことの体験を思い出させながら，少しずつ高めよう。
- ・克服できたら，そこが基準。繰り返して，定着をはかろう。

第3章　子どものやる気を引き出す！場面別ペップトーク集　53

できる感スイッチでやる気を引き出す

5 合唱祭で真剣に歌わせたい

合唱祭は，担任の学級づくりの成果が，そのまま出ると言っても過言ではありません。それだけに，担任としての力量が，生徒からも試される行事だと思っています。「上手に歌いなさい！」と一切言わずに，素晴らしい合唱を創りあげてきたW先生のペップトークを紹介します。

場面・子どもの心の状態 //

　小学校の時に音楽の授業で歌った際，友達から笑われたことがトラウマになり，合唱祭が憂鬱。時期が近づき，練習が始まりましたが，照れ隠しからふてくされた態度で，学級のやる気のムードまで下げてしまいます。

こんな時の PEP TALK! //

事実の受け入れ

つまんなさそうな顔してるね。小学校の時に笑われたんだってね。一度笑われちゃうと嫌になっちゃうよね。

とらえかた変換

でもね，合唱は，みんなで歌うから，A君が歌ってなくてもわからないんだよ。口パクだって立派な合唱だよ。

してほしい変換

A君ができる精いっぱいの表情をつくろうよ。表情さえつくれば，必ずA君の努力を認めてくれる仲間がいるからね。

背中のひと押し

さあ，みんなのところに行って，口パク合唱への挑戦だよ。Aくんの素敵な表情を見せてあげよう。

解説 //

　小学校で友達に笑われた経験をもつＡ君は，大の合唱嫌い。歌そのものが嫌いなわけではなく，学級で声を出すことに抵抗をもっていました。そのような生徒は，多くの学級に何人かいるのではないでしょうか。

　やる気に満ちた生徒と，やる気になれない消極的な生徒。温度差が感じられる学級。Ｗ先生に言わせると，「学級がぎくしゃくしている時は大チャンス！　成功したな」と感じるそうです。１つの事を成し遂げるのに，ぶつからない時は，満足感が無い。あえてぶつからせ，壁を乗り越えさせた時にこそ，満足感，達成感，そして強固な人間関係づくりができるといいます。

　Ａ君のように消極的な生徒と，意欲に満ちた生徒の温度差は，一生懸命取り組む生徒の不満を生みます。Ｗ先生は，合唱の練習日誌を通して，Ａ君のわずかな変化を見つけた生徒を褒め，Ａ君にも変化を感じている生徒がいることを伝えます。批判する生徒は，それだけ一生懸命取り組んでいる証拠。Ａ君のわずかな変化も，大きな成長。生徒の中での評価は，学級の大事な一員として認められたことを確信できる瞬間です。数日後，「口パクだって立派な合唱だよ」と言ったはずなのに，真剣な表情で体を揺らしながら取り組んでいる様子が見られ，真剣さは，他の消極的な生徒まで変えてしまいました。

　バラバラから１つになった学級は，みんなの心に火をつけます。

　「合唱祭は，賞をとるのが目標ではなく，もっともっと大切な何かを手に入れること」と，取り組み方の大切さや，仲間を大切にすることを訴え続けたＷ先生との合唱祭に向けての取り組みは，生徒の記憶に残ることでしょう。

┌─ **Point** ─────────────────
│
│　・ぎくしゃくして，温度差が現れた時こそチャンス到来！
│　・消極的な生徒の，小さな変化を生徒同士で見つけて，教師が伝えよう。
│　・自分たちが，「変わった」という変化を生徒に感じ取らせてあげよう。
└────────────────────────

6 できる感スイッチでやる気を引き出す

掃除をきちんとやらせたい

美しい環境の中で，落ち着いて学校生活を送る。それだけでも，生徒の気持ちは穏やかになります。「掃除しなさい」「サボってちゃだめだよ」なんて言葉ではやる気を失ってしまいます。何のために掃除をするのか，掃除をするとどんないいことがあるのかを感じさせたいですね。

場面・子どもの心の状態 //

　今日は，中学校1年生の学年行事で「トイレ掃除の日」。A君の割り当ては，一番臭い3階の西トイレ。ただでさえ嫌なのに，今日は3時間もかけて掃除をすることになっており，朝から嫌な気分です。

こんな時の PEP TALK! //

事実の受け入れ
A君，トイレ掃除，嫌なんだよね。毎日お世話になっているけど，汚いの，嫌だねえ。

とらえかた変換
もし，西トイレがきれいになって，君の力で匂いが無くなったら，かわいくなっちゃうかも。

してほしい変換
割り当ての便器に名前を付けて，自分の友達だと思ってきれいにしてみないかい。

背中のひと押し
磨いた便器が，ピッカピカになって，君の心もピッカピカになるかもしれないよ。さあ，やってみよう！

解説 ///

　中1の学年主任の提案で，トイレ掃除を学年行事で行うことになりました。豊田市には，中小の企業の経営者や個人事業主が集まった，「トイレ掃除の会」があります。もともとは，自動車用品販売のイエローハット創業者の，鍵山秀三郎さんの掃除の徹底ぶりから，全国に広まったものです。私自身，鍵山さんの講演を聴く機会があり，トイレ掃除の実践で「気づき」があり，仕事はもちろん，普段の生活にも好影響を与えるということを知っていました。鍵山さんは，トイレの便器を素手で磨くという徹底した取り組みを毎日行い，平凡な実践を続けることの大切さを説いておられました。

　「トイレ掃除の会」会員を講師として，清掃開始。個々に便器の担当が決まり，便器に「太郎君，二郎君…」と名前を付け，便器に声をかけながら掃除が始まりました。講師の見本を見た生徒たちは，鼻を手で押さえ，「臭〜い」「汚〜い」と，後ずさり気味。何しろ，素手で便器をつかんで，反対の手で磨いているわけですから（もちろん，生徒はゴム手袋をします）。A君は四郎君担当でしたが，なかなか力を入れることができません。「確かに臭いよね」「でも，白くなってきてるよ」「あれ，匂い減ったね」「四郎君，喜んでるかも…」そんな声がけをしていると，いつの間にか，反対の手で，しっかり便器を支えていました。表情も，眉間にしわが寄っていたのが，無くなりました。隣の三郎君担当に，「どう，匂いしなくねえ」と。雑巾できれいに拭きとって，便器を眺めるA君。周りの生徒と，自慢のし合いっこ。夢中になって取り組む姿は，無（夢）の境地かもしれません。終了後の，さわやかな笑顔と「四郎君が，だんだんかわいく思えてきた」が印象的でした。

Point

- ・自分たちが，毎日お世話になっていることを自覚させよう。
- ・取り組み始めた時に，少しの変化を褒めてあげよう。
- ・掃除の行為が，心の成長にもつながることを伝えて，励まそう。

7

できる感スイッチでやる気を引き出す

友達同士仲良くさせたい

新年度は新しい友達と学級生活を送ることになり，喜びとともに，仲良くできるか不安な気持ちも混ざります。些細なことで，言い合いになったり，時には取っ組み合いのけんかをしたりすることがあります。それぞれがお互いを認め合うことで穏やかな教室にしたいものです。

場面・子どもの心の状態 //

　小学校３年生のＡ君，登校してくるなり，Ｂ君に「昨日遊ぶ約束したのに，勝手に約束を破ってうそつき」と言われ，朝からしょんぼり。理由は，母親が出かけるために保育園の妹の面倒をみることになったからだそうです。

こんな時の PEP TALK! //

事実の受け入れ

Ｂ君と，遊ぶことができなかったそうだね。Ｂ君に「約束破ってうそつき」と言われて，ショックだったんだね。

とらえかた変換

妹の面倒見て，えらいじゃない。Ａ君が，その時，今僕はどちらを大事にするといいかを決めることができたんだよ。

してほしい変換

Ｂ君に，「昨日は，ごめんね」と言ってから，お母さんに妹のお世話を頼まれたことを話してごらん。

背中のひと押し

Ｂ君も，Ａ君と遊びたかったんだから，これからも仲良くやれるよ。さあ，ニッコリ笑顔で，「ごめんね」だよ。

解説 //

　新しい仲間が増えるとともに，相手のことをよく知らない時期での，トラブルも多い新年度。4月は，子どもたちにとっても，先生方にとっても，1年間の学級の雰囲気が決まる，大切な始まりの月です。

　事例は，新年度早々，初めて学級が一緒になったA君とB君の事件です。朝教室に行くと，A君が机に伏せていました。状況を知っている子から，A君がB君との遊ぶ約束を破ったこと，A君をよく知っている子からA君は，母親から頼まれ，妹の面倒をみていたこと等を聞きました。子どものトラブルの場合，その子たちをよく知っている子たちから，客観的にみた様子を聞き，全体像をとらえるようにしています。後に，学級指導でも活用できます。

　春先のトラブルは，先生たちにとって，トラブルの中から，子どもたちの人間関係や，子どもの個性（良さ）を見つける絶好のチャンスと考えます。

　4月の最初の道徳の時間は，毎年，『個性伸長』の徳目で，学級のみんなの，いいところ見つけを行ってきました。A君，B君にお願いして，2人のトラブルから考えることにしました。そこで出てきたのが，A君は，素直で家の手伝いをよくする，妹思いの優しい子。B君は，約束を大事にする責任感のある子で，みんなを引っ張っていく力がある。その後，全員の児童で，お互いにいいところ見つけをし，書きだしていく。

　「きのう，公園でB君とC君と3人でサッカーをしました。B君は，たくさんゴールを決めました。それからお母さんが，妹をつれてきたので，すべり台で遊びました」数日後，B君と仲良く遊び，妹まで一緒に遊んでいる様子がわかるA君の生活日記がありました。

Point

・トラブルになった子たちをよく知る子から聞いて全体像を知ろう。
・トラブルの原因のとらえかた変換をすることで，良さに変えよう。
・普段から学級で，友達のいいところ見つけができる環境にしよう。

できる感スイッチでやる気を引き出す

8 学芸会（学習発表会）に 真剣に取り組ませたい

秋から冬にかけて行われる学芸会（学習発表会）です。4月に学級をスタートし，何らかの形で成長があるはずです。学級の子どもたちの半年を越える期間の成長の発表の場と言えますね。一人一人の子どもの成長ぶりを見せていきたいものです。

場面・子どもの心の状態

　普段から消極的で，何をするにも人任せの小学校6年生のA君。学級は，影絵劇を発表することが決まり，役割決めの時間です。自信のないA君は，「どうせ僕は何もできないし」と投げやり気味。

こんな時の PEP TALK!

事実の受け入れ
何の役割をやりたいか決めることができないんだね。流れがはっきりわかってないとイメージわかないかもね。

とらえかた変換
何にしようかと迷っているのは，A君が何ができるのだろうって一生懸命考えている証拠だよ。

してほしい変換
A君の得意をみんなに見せてあげようよ。パソコンに誰が何の役かを打ち込んでいこう。

背中のひと押し
ワード打ちの技で，みんなの紹介は任せたぞ。最後に決めるのは，A君のエンドロールだ！

60

解説 //

　成長の足跡を発表することができる学芸会（学習発表会）は，教師にとっても自分の指導の発表の場となります。

　Ｋ先生は，毎年４月に学芸会（学習発表会）の内容を決めています。一人一人の得意を普段の授業や生活の中で見つけ，どの場面で，どの役割で活かせるかを意識しています。

　消極的で，自信がなく，学校も休みがちなＡ君を活かすために仕掛けました。

　「みんなが，春から勉強してきた中で，できるようになったこと，得意になれたことが活かせる役割を決めるといいね」。Ａ君に，「得意になれたこと」を聞きますが，答えられません。そこで，学級全体に「Ａ君が得意だな，Ａ君のここがすごいと思ったこと教えて」とたずねると，口々に，「優しいところ」「パソコンが得意」「ゲームが強い」などと言います。そこで，「そうだね，パソコンに打ち込むの早いよね。Ａ君に，今日の役割を打ち込んでもらおう。Ａ君，やってくれるかな。君の得意を見せてあげようよ」とパソコンを準備して，黒板に書かれた役割と名前を打ち込んでもらいます。

　これは，すべてＫ先生の予想通りのシナリオ。Ａ君の得意をみんなの前で披露させ，「みんなのために役立っている・頼られている」を味わわせることで，学級の一員として，前向きに取り組ませたかったのです。

　さらっと打ち込んだＡ君の様子を観て，「スゴーイ」「速い」と拍手。

　「これなら，劇の最後に流す，役割紹介のエンドロールもばっちりだ。最後に決めるのは，Ａ君だ！」

　全員が，拍手。できる感を味わったＡ君は，大事な役割を果たします。

Point

　・その子に合った輝かせ方なら，その子の得意を活用しよう。

　・その子の得意をアピールできる場を設けることで，見える形で活躍を。

　・教師の仕掛けと，言葉の力で「できる感」を味わわせよう。

9 できる感スイッチでやる気を引き出す

作文にしっかり
取り組ませたい

「作文書くよ〜」と言った瞬間，子どもたちから「え〜っ」という言葉が聞かれます。作文が苦手な子どもは多いですよね。宿題では保護者から「困った」という言葉もよく聞きます。そのことから『作文が簡単に書ける，魔法の紙』と称して，短冊を使った作文指導をしてきました。

場面・子どもの心の状態 //

　小学校3年生のA君，作文が大嫌いです。いつも何を書いていいかわからず，時間だけが過ぎていきます。マラソン大会に連れて行ってもらったことを書こうとしているのですが，何から書いていいかわからず，困っています。

こんな時の PEP TALK! //

事実の
**受け
入れ**

> 何から書こうかって，困ってるんだね。頭に浮かんでこない時ってあるよね。先生も小学生の時，そうだったよ。

とらえ
かた
変換

> でもね，困ってるってことは，A君が，一生懸命やろうとしているってことだよ。書き始めたらスラスラだよ。

して
ほしい
変換

> 3位になった時の様子や気持ちを，先生が質問するから，教えてくれるかな。一緒に用紙に書いていこう。

背中の
**ひと
押し**

> 何から書こうか，困っていたのに，こんなに書く事ができたじゃない。さあ，順番に並べてつなげていこう。

解説 //

　小学校３年生になった作文が大嫌いのＡ君。生活作文を書く時間で，今日も時間だけが過ぎていきます。見に行くと，名前が書いてあるだけです。

　「Ａ君，どうした，困ってるのかい？」

　Ａ君は，うなずきながら「何を書いていいかわからない」としょんぼり。

　「そっかあ，何を書いていいかわからない時，あるもんね。先生もＡ君ぐらいの時，そうだったよ。先生と一緒に書こうか」

　作文がはかどらない子は，「何を書けばよいかわからない」「思い出したことが，文字にならない」「きちんと書かなければいけない」（この場合の「きちんと」は，先生に「良い」と言われるということですが，ほとんど意味はありません）。とにかく，「書けない」が先行してしまうのです。

　このような子には，「書ける」という自信をつけさせるために，支援が必要です。私が実践してきたのは，聞き取りをしながら，短冊にメモとして書いていくことです。その時の様子や，思いを聞きながら書く事によって，子どもは様子を徐々にはっきり思い出すようになります。そこに人が出てきたら，言動や関わりを聞きながら，短冊を並べていきます。特に音や会話などは，イキイキとした作文につながると思います。

　Ａ君は，母親と行ったマラソン大会のことについて書きましたが，スタート前の緊張，号砲，走っている時の様子や思いを並べて書く事ができました。３位でゴールして，母親と抱き合ったこと。単身赴任の父親に電話したことなど…。

　子どもは，聞いてあげれば，書く材料はたくさん出てくるのです。

Point

- ・一番印象に残っていることを題材にさせよう。
- ・様子や気持ちを聞きながら，より具体的になるよう短冊に書かせよう。
- ・短冊を並べることで，書く事ができたと思えるよう励まそう。

10 家事を自分でやらせたい

できる感スイッチでやる気を引き出す

子どもの中には，厳しい家庭環境で育っている子もいます。保護者が養育に消極的で，規則正しい食事や洗濯ができなかったり，学校での必要物に無関心だったりと，本人が困ることがあります。保護者の理解を得ることも必要ですが，本人ができることをしていくことも必要です。

場面・子どもの心の状態

学級の子から，「○○ちゃん，くさいよ」と言われて，ショックを受けている小学校4年生のAちゃん。涼しいうちは感じませんでしたが，汗をかくようになり，洗濯をしていない服がにおうようになったのです。

こんな時の PEP TALK!

事実の受け入れ
嫌なこと言われちゃったんだってね。わかるよ。あんなこと言われたら，誰でも悲しくなっちゃうよね。

とらえかた変換
○○君も，ひどい言い方したって謝ってくれたね。洗濯して，かわいくなってと言ってくれたと思っちゃおう！

してほしい変換
お母さん，忙しくて洗濯ができないって言ってたんだよね。それなら，Aちゃんがお手伝いとしてやっちゃおう。

背中のひと押し
先生と一緒に，家庭科室にある洗濯機で練習しよう。給食のエプロンを洗って，洗濯名人になろう！

解説 ///

　春に家庭訪問で各家庭を回っていると，家庭内の雰囲気や，親が子どもに対して，どのような思いで接しているかを感じることができます。

　Ａちゃんの家庭訪問時に玄関先から見えたのは，荷物の散乱，服が椅子にかけてあったり，付近に丸めておいてあったりする様子。Ａちゃんの机にも荷物が山積み。子育てへの関心の無さを感じました。これは，保護者に期待をすることはできない，Ａちゃんを育てる必要があると感じました。

　当日のこと。教室に行くと，Ａちゃんが泣いています。周りに友達がいて，様子を聞くと，「〇〇君から『Ａ，くさいよ！』と言われた」とのことでした。

　Ａちゃんに聞いてみると，洗濯は「いつしたか，わからない」といいます。風呂も入らない日が，よくあるとのこと。思ったことをストレートに出す，男の子が発する気持ちも認めながら，言葉の発し方を注意するとともに，Ａちゃんが自分で洗濯できるようにすることが必要だと感じました。

　洗濯は自分でしたことはないというＡちゃん。洗濯機の使い方は，何となく知っているといいます。家庭科室で，給食のエプロンを使い，洗濯の練習。洗濯ものを入れて洗剤を入れてスタートする。終わったら，しわを伸ばして干す。「簡単だね」と笑顔のＡちゃん。「自分でやれることはやろう。お母さんの手伝いにもなるよね」

　次の日，Ａちゃんが，「昨日，自分で洗濯やったよ。干してたたむところまでやれた」と嬉しそうに報告をしてきました。Ａちゃんからは，さわやかな洗剤の香りがしました。

Point

・家庭状況の把握で，アクションを起こす相手を見定めよう。

・保護者の怠慢とするのではなく，本人の成長として取り組ませよう。

・お手伝いがしっかりできていることとして，保護者に伝えていこう。

第3章　子どものやる気を引き出す！場面別ペップトーク集

11

ワクワク感スイッチでやる気を引き出す

教室に入れさせたい

小学校１年生のＡ君，連休明けから，教室に足が向かなくなりました。友達関係等で，特に何かあったような様子は見つからず，下校後は友達と元気よく遊ぶ姿もあります。母親に聞いても心当たりがないと言われます。学校を休むわけではないので，保健室で過ごす日が続きます。

場面・子どもの心の状態 //

　小学校入学後，元気に通っていたのに，連休明けから急に教室に入れない状態です。養護教諭にお願いして，保健室で話を聞いてもらったり，自習をしたりする毎日が続きます。理由を聞いても答えません。

こんな時の PEP TALK! //

事実の受け入れ

A君，どうしたのかな。教室に入りたくないみたいだね。誰でも，そんな気持ちになることもあるよね。

とらえかた変換

でもA君，毎日学校に来てるってことは，勉強が大好きってことだよ。教室でなくても勉強やれるよね。

してほしい変換

勉強大好きなA君，窓を挟んで，廊下で勉強しないかい？廊下から，先生や友達の話を聞きながらできるよね。

背中のひと押し

さあ，A君の特別席ができました。ここから手を挙げて発表すればいいよ。さあ，授業を始めるよ！

66

解説

　何が原因かわからないまま，Ａ君は教室に入れなくなってしまいました。学級の友達に聞いても，わかりません。帰宅すると，公園で学級の友達と楽しく遊んでいるとのこと。私がＡ君に理由を聞いても養護教諭にお願いして話を聞いてもらっても「わからない」と言うだけです。母親に聞いても，家ではいつもと変わらず思い当たることがないといいます。

　毎日母親に様子を話しながら，職員連携で教室復帰を目指しました。

　Ａ君の気持ちを受け入れながら，保健室で自習を始めると，与えたドリルをどんどん進めていきます。こんなに勉強好きなＡ君ならと，「教室に入らなくていいから，廊下で勉強してみないかい」と提案すると，意外にも，素直な「ハイ」の返事。早速母親にそのことを話し，廊下に机を準備して，窓を挟んで学習に参加することにしました。窓は外せるだけ外し，オープンな形にしました。学級の子どもたちには，「廊下から授業に参加するＡ君を助けながら，少しずつ教室に入るようになることを楽しんじゃおう」と声がけ。

　するとどうでしょう，Ａ君は参加するどころか，手を挙げて発言もするのです。子どもたちも思わず拍手。嬉しそうに参加するＡ君は，ワクワク感を味わいます。給食は，入り口の敷居を挟んで班の子と一緒に楽しく食べます。

　毎日その状態で生活しますが，給食時の机は数センチずつ，教室内に入れていきました。教室に入れなくなってひと月ほど経った時，Ａ君の机は完全に教室内です。いつでも教室から出ることができるように，廊下側に席を準備しましたが，夏休みに入るころには，以前と全く変わらず，普通に教室で生活できるようになりました。理由は誰もわからずじまいの入室拒否でした。

Point

- ・時には本人も理由がわからないこともあると受け入れよう。
- ・保護者に理解を得るとともに，職員に協力を得て進めよう。
- ・ちょっと違う形での参加に，ワクワク感をもたせよう。

ワクワク感スイッチでやる気を引き出す

12 部活動の試合前に激励したい

全国大会につながる夏の大会は，中学校生活の中でも特別な思い出となります。ソフトボールの顧問2年目のH先生率いるチームですが，公式戦でまだ勝ったことがありません。選手は弱気になっていますが，何とか勝ちを味わわせたいと激励します。

場面・子どもの心の状態 //

　初戦の相手は，何度も県大会に出ている強豪チーム。先月の練習試合で，相手ピッチャーの球の速さに完全に抑え込まれ，3対0で負けているだけに，どの選手も表情が硬く，緊張気味です。

こんな時の PEP TALK! //

事実の受け入れ	みんな表情が硬いな。練習試合の事を思い出してるんだな。あの子の球は，確かに速い。
とらえかた変換	でも，速いということは，当てればそれだけ跳ね返るってことだろう。当てるだけでいいんだよ。
してほしい変換	当てる練習は十分やってきたよな。バットを短く，『球をよく見て，ギュッと絞ってカン』だ！
背中のひと押し	やれることはやった。今の自分の力を信じて，仲間の応援を信じて，さあ君たちのミラクルを起こそう！

解説 //

ソフトボール部の顧問２年目のＨ先生は，学生時代は剣道部の素人監督。生徒が不安感をもつことを予想し，ミーティングの時間を大切にし，生徒の声をよく聴く姿勢をとってきました。ソフトボールでは，生徒たちの方が知識も技術も上。また，チームの目標設定から，個々の目標や，今自分がチームのために，「何をやるべきか」「何がやれるか」を話し合ってきました。

Ｈ先生が，自信をもって部員に訴えたのは「ソフトボール部員である前に，中学生であれ」。自然な明るいあいさつや，用具の整理整とん，素直な「ハイ」という返事など，人に愛される中学生を目指すことを心がけました。

こんな思いで指導してきましたが，公式戦で勝ったことがありません。先生率いるチームが公式戦で初めて勝利したのが，事例の夏の大会。

６月の練習試合で，速い球に抑え込まれたことで，生徒たちと話し合い，「ボールが速いからおじけづく」のではなく，「速いから，当てるだけで跳ね返りが大きくヒットにつながる」ととらえかた変換。跳ね返すことで，ヒットにする。跳ね返すには，しっかり当てる。しっかり当てるには，バットを短く持ち，ボールをしっかり見て当てる。イメージさせるために，合言葉として，『球をよく見てギュッと絞ってカン』と何度も唱えて行動に移させます。

元気よく笑顔で飛び出していった選手は，２回表に練習の成果を出して，１点先取。これによって選手に笑顔があふれ，いつもと違うチームのムード。その後得点にこそつながりませんが，当てる当てる。何と，２回の１点を守り，１－０で強敵を相手に公式戦初勝利。Ｈ先生いわく，「ミラクルだった！」と，監督をしていて最も思い出深い試合になったそうです。

┌ Point ────────────────

- ・どこにチャンスがあるかわからない。何ができるかを考えよう。
- ・成功がイメージできる言葉を練習に。「ギュッと絞ってカン！」
- ・１つのチャンスが流れを変えることを意識しよう。

13 ワクワク感スイッチでやる気を引き出す
授業参観の緊張をほぐしたい

授業参観は，親にとって，家とは違う学校での子どもの様子を観ることができる良い機会です。逆に教師側からすると，保護者に子どもの学校での活躍の様子をアピールすることができる良い機会となります。ある意味，先生も，子どもも，保護者も緊張する日かもしれません。

場面・子どもの心の状態

　小学校６年生のＡ君。いつも元気いっぱいなのに，緊張気味。母親から，いつも家で「遊んでばかりいないで勉強しなさい！」と言われるという。授業参観で，「発言しないと，また，家に帰って…」。

こんな時の PEP TALK!

事実の受け入れ	今日は，お母さんが来るんだね。また，「頑張ってない」って言われるんだね。授業参観嫌いになっちゃうね。
とらえかた変換	でもね，それを気にしてるってことはＡ君が頑張ろうとしている証拠じゃない。お母さんをびっくりさせようよ。
してほしい変換	今日の理科の「物の燃え方」の実験の時，Ａ君の得意な，マッチを擦る時の注意を，みんなに話してほしいな。
背中のひと押し	マッチをきちんと擦ることができる子は，なかなかいないからね。一緒にお母さんを，実験の世界に引き込もうよ。

解説

　授業参観で子どもたちの緊張をほぐしてあげることは，授業で普段の力を発揮させることになります。意外に子どもたちの緊張は，教師の緊張に原因がある場合があります。子どもたちは，先生の緊張している様子を敏感にキャッチします。高学年では，「先生緊張してる！」と口に出す子もいます。

　新任指導の際，自身が緊張しないために心がけてきたことを伝えました。

①授業の準備をしっかりすること。どこを山場にするか，どうまとめるか。

②今日の授業で，どの子を中心に授業を進めるか。引き出したい子はだれか。

③授業参観は，保護者は，自分の子がどんな活躍をするかを見ている。全員が活躍する場を設ける工夫をする。

④授業はライブ。保護者も一緒に盛り上がれるといい。

　教師側が，自信をもって，笑顔で授業を進めることができれば，子どもの緊張はほぐれます。

　忙しく働いているＡ君のお母さんは，仕事が忙しく，Ａ君の学習をなかなか見ることができません。その分「勉強しなさい」の繰り返しで，Ａ君はやる気を失っているとともに，お母さんが来ることで緊張してしまいます。

　Ａ君の得意なことで，お母さんに見せたいのは，５年の野外学習で，上手に火をつけていたマッチの擦り方。マッチの擦り方の注意をＡ君にしてもらうことで，みんなの注目を浴びる。「物の燃え方」の授業の導入に関連づけることができるので，授業での活躍として認められる。お母さんは，Ａ君の活躍の様子を観ることができる。この日の，授業のキーとなるＡ君をうまく使うことが，授業の盛り上がりや，他の子の活躍にもつながります。

Point

・お母さんをびっくりさせちゃおう作戦で，緊張よりワクワク感を。

・Ａ君の得意をアピールできる場を設けることで，見える形で活躍を。

・母親に対して「参観ありがとう。大活躍でしたね」を伝えよう。

第3章　子どものやる気を引き出す！場面別ペップトーク集

ワクワク感スイッチでやる気を引き出す

14 体育祭でクラスをまとめたい

春に行われることが多い体育祭は，4月に学級がスタートし，1年生の宿泊学習を除けば，本気でまとまらなければならない，初めての大きな行事です。体育祭の練習や本番を通して，生徒たちに学級への所属感や連帯感が結果として表れるため，担任としても正念場となります。

場面・子どもの心の状態 //

　中学校2年生のAさん，体育祭の練習が始まり，憂鬱な毎日を送っています。生活記録に，「何の意味があるの」「入場行進する意味わからん」と書いてきて，ネガティブオーラを出し続けています。

こんな時の PEP TALK! //

事実の受け入れ	確かに「意味はわからん」かもしれないね。学校っていうところは，意味のわからないことが多いかもね。
とらえかた変換	Aさん，意味のわからないことを，幼稚園や小学校の頃から，ずっとやってきたんだから，偉いじゃない。
してほしい変換	道徳で，みんなで体育祭の意味を話し合ってみよう。Aさんの「意味がわからない」ということを教えてほしいな。
背中のひと押し	少しだけ，体育祭の意味がわかったね。Aさんの一番得意な絵を活かして，応援旗の製作に取りかかろう！

解説

　学級の中には，Aさんのように，体育祭に限らず行事に対して，「意味がわからん」と言ったり，ネガティブな態度をとったりして，みんなの足を引っ張る生徒がいます。体育祭は春の行事なので，学級づくりで大切な時期だけに，生徒のマイナスな言動で担任も悩むことがあります。先生がとらえ方を変えて，「意味がわからん」と言っている生徒を活用して学級づくりをしていくと，おもしろいと思います。

　Aさんの生活記録を見ることで，待ってましたとばかりに，道徳で体育祭への取り組みをテーマにした授業を行います。

　最初に，「体育祭で意味のないこと」を話し合います。次に「意味のないことが，役立つと思うこと」を話し合います。一見意味がないように思えることも，見方によっては，大きな意味をもつことを知り，自分たちの取り組みに活かそうとする気持ちを養い，学級全体のムードを盛り上げます。

　ムードが盛り上がると，人は何となく，そちらに流れていきます。Aさんには，きれいな模様の繰り返し，同じ建物が並んだ海外の風景の写真を見せることで，きれいにそろった入場行進の美しさをイメージできるきっかけを与えます。

　Aさんは運動は嫌いですが，小さいころから絵を描くことが好きだったようです。これを学級の応援旗製作の一員として活躍させない手はありません。

　体育祭の総合結果は準優勝，Aさんたちが描いた応援旗は，応援旗部門の最優秀賞を受賞しました。教室で，みんなの取り組みに対して『取り組み優勝』コール。Aさんも笑顔いっぱいのコールでした。

Point

・行事に対してネガティブな生徒がいたら，チャンス到来！

・学級全体のムードづくりとともに，Aさんの活動の場をフォロー。

・体育祭の結果はどうあれ，「取り組みで一番！」が最高のペップトーク。

15 ワクワク感スイッチでやる気を引き出す
卒業式の練習に
気持ちを入れさせたい

中学校にとって，卒業式は最重要の行事と考えます。練習から真剣に取り組ませたいですが，やらされ感ではなく，自分たちの見せ場だと自覚させたいものです。しかし，取り組みに対して消極的な生徒は必ずいます。みんなの気持ちを１つにして，最高の卒業式にしたいものです。

場面・子どもの心の状態 //

　卒業式を間近に控えた，中学校３年生のＡ君。卒業式の練習が嫌で仕方がありません。大事な式だとはわかっているのですが，同じことの繰り返しの練習が耐えられないと，ついついいい加減な返事や動きになってしまいます。

こんな時の PEP TALK! //

事実の受け入れ
返事や，立ったり座ったりの繰り返しが嫌なんだって。そういえば，先生も中学の頃，嫌だったなあ。

とらえかた変換
でもな，毎日の練習に一度も休まず参加してるじゃない。これだけ我慢できるのは，大切さを知ってるからだよ。

してほしい変換
Ａ君が中学校生活で歯を食いしばって頑張ったことを，毎回の練習で一つ一つ思い出しながら取り組んでみよう。

背中のひと押し
さあ，最後の夏の大会で君がシュートを決めて地区大会に出た，あのシーンを思い出しに行こう！

解説 //

　学級全体への卒業式の練習に取り組ませる指導と並行して，Ａ君のような，やや消極的な生徒の気持ちの理解と，励ましを続けることが必要です。

　Ａ君に，卒業式に向けての取り組みについて話を聞くと，「立ったり座ったり，返事の繰り返しが嫌になる」と言います。こちらは，Ａ君の気持ちを受け止め，中学校の時はＡ君と同じことを思っていたと事実の受け入れ。

　嫌々ながら参加しているＡ君ですが，一度も練習を休んだことはないところに目をつけ，「そんなに嫌なのに，Ａ君一度も休んでないよね。それってすごいことだし，卒業式に参加しようという気持ちの表れってことじゃないか」と，とらえかた変換。この時のＡ君は，「ポカン」と私の言葉に呆れ顔です。叱られることではないので，心を開いてきた様子。

　私からの提案は，練習の際，中学校生活での思い出や，頑張ってきたことを思い出しながら，練習に取り組むこと。時間は短く感じるし，勝手に返事が大きくなると，してほしい変換。

　Ａ君が歯を食いしばって頑張ってきたことは，部活動のバスケットボール。最高の思い出は，３年生の最後の夏の大会で，自分がシュートを決めて地区大会に進出したこと，といいます。これを使わない手はありません。一番の思い出は，誰でもはっきりとその時のシーンが浮かんできます。Ａ君にどんな様子だったか聞くと，試合の様子を嬉しそうに話します。このワクワク感をもたせながら，今日の練習で試してみようと，前向きな背中のひと押し。

　次の日のＡ君の生活日誌には，「卒練（卒業式練習）を，真剣にやった」と書いてありました。

Point

・やらされるのではなく，自分たちの見せ場だと自覚させよう。

・全体への指導と，キーとなる生徒への指導を並行して行おう。

・練習時に，中学校の思い出シーンを浮かばせよう。

第３章　子どものやる気を引き出す！場面別ペップトーク集　75

ワクワク感スイッチでやる気を引き出す

16 授業で満足感を 得られるようにしたい

数学は，できるできないがはっきりする教科でもあります。小学校からの積み重ねができていない生徒は，授業中もわからないままに進むため，苦痛な時間となります。この先生から学ぶと誰でも数学が好きになるという「数学好きにさせる達人」のペップトークです。

場面・子どもの心の状態 //

　大嫌いな数学の授業中，ぼおっとしている中2のＡさん。図形の問題で，扇形の面積・弧の長さに手が止まっています。中1の時からわからないまま，そのままにしていたのです。苦痛な時間を何とかしてあげましょう。

こんな時の PEP TALK! //

事実の受け入れ

Ａさん，つまずいてるね。数学嫌いなの，わかるよ。先生も数学めっちゃ苦手だったんだよ。

とらえかた変換

どこまでわかってるか教えてくれる？　違うやり方もあるから，いろいろ試してみようよ。

してほしい変換

どのように考えるか，1つずつ順番に数字をあげてみよう。ノートを見ながら，振り返るといいね。

背中のひと押し

できたじゃない！　さあ，今度は違う問題に取り組んでみよう。似てるから，自信をもってやってごらん。

解説 //

　「Ｎ先生お久しぶりです。どうしてもＮ先生にお礼を申し上げたくて，手紙を書く事にしました。Ｎ先生に数学を教えていただいてからＡは，驚くほど変わっていきました。苦手な数学の宿題をいつも後回しにしていたのに，今では一番最初に取り組んでいる姿があります。（中略）

　復習に１年生の数学を教えてくださった時，Ａは帰宅してすぐに『こんなに簡単なやり方があったんだ』と興奮して，帰宅後すぐに教えていただいたやり方を話してくれました。わからなかったことがわかるようになる。解けることの楽しさをＮ先生は教えてくださったんだと思います。（中略）

　数学の授業でＮ先生に出会えたことは，Ａの人生にとって本当に大きな学びになったと思います。（中略）

　Ｎ先生，心から感謝します。ありがとうございました」

　Ｎ先生が，２年生の数学を担当した生徒の親からもらった手紙の抜粋です。

　この手紙を見るだけでも，いかにＮ先生の，生徒たちに対する（数学を通しての）愛情が深いかが感じられます。いわゆる「Ｎマジック」です。

　つまずいている生徒に対して，何がわからないのか，どこまでわかっているのかを確認し，その生徒に合わせた声がけと，指導方法を考える。わかってもらえることが楽しくてしょうがない。自分自身が，数学が苦手だったことも幸いして，わからない生徒の気持ちがわかるといいます。

　Ｎ先生には，担任していた特別支援学級の生徒もお世話になりましたが，生徒からも，「数学（算数）が待ち遠しい」という言葉が出るとともに，宿題もしっかり取り組むほど，熱心に指導していただきました。

Point

・わからない生徒に対して，どこまで理解しているかを見定めよう。

・理解できていない部分に，いろいろな方法を提示してあげよう。

・解いた時にべた褒め。類似問題を解くことで，自信をつけさせよう。

17 ワクワク感スイッチでやる気を引き出す
部活動での反省を
次の頑張りにつなげたい

部活動で生徒を頑張らせたい。目標を高く，上へ上へ目指させたい。チームを強くしたいというのは，教師であれば誰もが思うことです。ここでは，長年陸上競技に携わってきた私なりの指導法をお伝えします。

場面・子どもの心の状態

　新年度が近づき，来期の目標を決めていく頃，力はそこそこついてきました。全国大会に出場したいが，全国大会標準記録を切れるかどうか不安な気持ちをもつ生徒にペップトークで応援します。

こんな時の PEP TALK!

事実の受け入れ
標準記録を突破できるかどうか不安なんだね。

とらえかた変換
全国に出られるか出られないかで悩むなんて，それだけ，君が真剣に取り組んでいる証拠だよ。

してほしい変換
標準記録を超えた，君が出したい記録を目標にして，紙に書いて貼っておこうよ。

背中のひと押し
さあ，みんなに発表だ！　全国大会で，中華街に行って美味しい料理を食べよう！

解説

　退職時の陸上部員が，201名。これだけの大所帯を数人の先生方で指導する。いや指導するというより，面倒を見るという方が妥当かもしれません。大切にしてきたのは，陸上競技を好きになってほしい，ということです。

　201名の部員だと，当然一人一人の力の差は大きなものになります。中学校の部活動ですから，強い生徒だけを集めることはできません。入りたい子が入るのが部活動なのです。力の分布はちょうど富士山の形になります。富士山はてっぺんだけあったのでは美しくありません。すそ野が広がり，あの雄大な世界遺産となる富士山になるのです。トップレベルの選手は，多くの下支えの応援によって頑張ります。強くなりたいと思っている生徒にとって，身近に全国レベルの選手までいるのは貴重なことです。100本中１本でも勝ったら，全国レベルに勝った，という事実が生まれます。

　幸い陸上競技は，個人競技だけに「自己ベスト」というタイトルが平等にあります。いや，数の上では平等ではないのかもしれません。力がまだついていない生徒の方が，自己ベストを出す可能性は圧倒的にあるのです。自己ベスト賞の部内での表彰。特別支援学級の応援を得て，ヒノキの板のキーホルダーに「種目・記録・大会名・期日・会場」を書いて全員の前で表彰します。すると生徒たちは，喜んで次への目標を上げてきます。こうして，お互いに賞賛しながら，全体のレベルがアップしてくるのです。お互いが認め合うことによって，より良い関係がつくられるとともに，先輩が率先して，後輩に様々なことを教える。教えることによって，伝える力がつく。自分がしっかりしなければ本気で聞いてもらえない。先輩も後輩も育つのです。

Point

・どの子も入ったからには，大切な部員として歓迎しよう。

・目標は自己ベスト。常に今の自分を超えることを大切にしよう。

・人の役に立つことの喜びを感じさせてあげよう。

第３章　子どものやる気を引き出す！場面別ペップトーク集

ワクワク感スイッチでやる気を引き出す

18 催しごとを自主的に 考えさせたい

担任２年目を迎えるM先生。先輩教師の真似をした結果，やや一方的な指導になったことを反省し，生徒の自主的な活動を後押ししようと考えました。学級の和づくりをすることで，存在感や仲間意識を育てる内容のレクリエーションを中心に，行うことにしました。

場面・子どもの心の状態

　持ち回りの学級レクリエーション係の順番が回ってきて，今日は実行委員として話し合い。日ごろから消極的な中学校２年生のＡさんは，自分の思いをうまく表現できず，話し合いが大の苦手。憂鬱な気持ちで臨みます。

こんな時の PEP TALK!

事実の受け入れ

Ａさん，日誌に書いてたけど，レクの考えが浮かばないんだってね。いざ考えようとすると，先生も出ないことあるよ。

とらえかた変換

日誌に書いてきたっていうことは，Ａさんが，学級のみんなのために，本気で考えて来てくれているってことだよ。

してほしい変換

みんなが楽しめるかなって考えるより，Ａさん自身が，楽しいなって思えることを出してみない？

背中のひと押し

Ａさんが，笑顔になれることなら，きっとみんなも笑顔になれることだよ。さあ，思いつくまま出してごらん。

解説 //

　担任２年目のM先生。昨年度張り切って，「学級を楽しく」と，レクリエーション活動を通して，学級の和づくりに励みました。しかし，一方的な教師主導の活動だったためか，関心の高い生徒と低い生徒の大きな差が出たことに反省。低い生徒に聞いてみると，「恥ずかしい」「先生のテンションについていけない」「何のためにやってるかわからない」などの理由。

　昨年度の反省を活かし，「Ａさんが，学級の一員として，笑顔で実行委員として取り組む」を目標にしました。教師主導から，実行委員を持ち回りにし，生徒同士の話し合いで決める中に，担任としての意見を入れるようにしました。持ち回りにすることで，どの生徒も，学級のために活動する機会をつくるとともに，一緒にレクリエーションを発案・運営をすることで，学級の連帯感を生もうとしたのです。

　事例は10月の後期が始まって間もない頃の実行委員会です。Ａさんは，前半に比べれば，笑顔が増えましたが，嫌々話し合いに臨んでいることは日誌からもわかっていました。しかし，「自分自身が楽しいこと」を自由に出すことで，話し合い活動の材料が集まりました。このことをきっかけにＡさんの日常の様子も変わったとのこと。会話が増え，笑顔が増え，そして学級のために，行動する姿が見られるようになったといいます。

　一番の驚きと喜びは，卒業前の「３年生を送る会」に，学年の代表として，実行委員に自ら立候補し，立派にその役割を果たしたということです。Ａさんが学級の一員として，本気で人のために動き始めたことで今後の活躍が期待できるとM先生は言います。

Point

　・自分が楽しいと思える案を自由に出せる学級の雰囲気を作ろう。

　・提案は，まず受け入れ，生徒同士のシミュレーションで可否を決定。

　・実行委員の努力を生徒に伝え，学級のために活動する姿を評価しよう。

できる感スイッチでやる気を引き出す

19 授業を活発化させたい

学校は学ぶ場です。子どもたちの知的好奇心に火をつけ，授業を通して学ぶことを大好きになってほしいものです。新しいことを知り，学びが深まる授業ほど，面白いものはありません。新学期のスタートで，みんなで話し合うことの楽しさ，大切さを伝えていきましょう。

場面・子どもの心の状態 //

　みんなの前で，話すことが苦手な子がいます。国語の授業で感想を求められましたが，「何を答えていいかわからない」「恥ずかしい」「間違えていたら恥をかく」などの理由で数人が挙手していません。

こんな時の PEP TALK! //

事実の受け入れ

詩の感想，って言ってもわからないんだね。何と答えていいか迷っているんだよね。

とらえかた変換

でも，みんな一生懸命考えてるじゃない。授業を頑張ろうとしている証拠だよ。一言書いたら，それで○。

してほしい変換

Ａちゃん，さっきはわからないって言ってたけど，ちゃんと書けたじゃない。みんなに発表してくれるかな。

背中のひと押し

はい，みんなに，Ａちゃんが，この詩を読んだ感想を発表してください。みんなもよく聞いてあげてね。

解説

　K先生は，授業を活発にしようと，新年度が始まる4月に全力を注いでいます。授業で子どもたちに力をつけていかなければ，学校も楽しくない。「みんなが参加する授業」を大切にしていました。授業に対しては厳しく，そして優しいため，子どもたちはK先生の事を大好きです。

　教室の前面に『教室は間違うところ』と貼って，授業への取り組みの約束として大切にしていました。4月当初は，授業の前にK先生が「教室は」と言うと，子どもたちは「まちがうところ」と大きな声。

　過去に恥をかいた子は，挙手して発言をすることをためらいます。みんなで参加するから楽しい授業になる。間違えてくれる子がいたら，そこから学べるのだから，一番大切な子なのです。

　K先生から，自信のない子をヒーローやヒロインにする極意を聴きました。

　詩を読み取る授業で，詩の感想を聞く場面。挙手できない子が何人かいた場合は，ノートに感想を書かせます。短い長いは別として，ほぼ全員が書く事ができます。その間に，机間巡視で今日のヒーロー・ヒロイン候補者を見つけます。発言が苦手なAちゃんが，「楽しそうだから」という感想だった場合，一生懸命答えたことを褒めながら，「どのように楽しいのかな」と質問。それだけでなく，「みんなも一緒に，どのように楽しいか考えてみて」と，Aちゃんの一言から広げていきます。話し合いで深まった授業。最後に，「Aちゃんのお陰で，こんなに授業が楽しくできたよ。ありがとう」。みんなで，拍手してAちゃんをたたえます。授業で活躍したヒロインです。

　決め手は，保護者に授業で頑張ったことを電話で報告することだそうです。

Point

- 「教室は間違うところ」を子どもたちに定着させよう。
- どんな発言も，頑張って口に出していることを認めよう。
- 保護者への報告で，子どもの頑張りを一緒に応援してもらおう。

20 ワクワク感スイッチでやる気を引き出す
整理整とんを
しっかりさせたい

低学年にとって，整理整とんは，しつけとして身につけさせたいものです。もちろん，家庭でのしつけだと言ってしまえばそれまでですが，いろいろな家庭事情もあり，そういうわけにはいかないのが現状です。学校で，みんなが気持ちよく生活するために，指導したいものです。

場面・子どもの心の状態 //

　小学校２年生のＡ君，自分の持ち物の整理整とんが苦手です。先生が，「歯磨きをするので，歯ブラシ出しましょう」と言ったのですが，机の中の物を全部出してしまいました。コップはあったのに，歯ブラシはありません。

こんな時の PEP TALK! //

事実の受け入れ

　Ａ君，散らかっちゃったね。いろんな物を持ってるから，整とんするのは，大変だよね。わかるわ〜。

とらえかた変換

　でも，これだけあるっていうことは，Ａ君が，自分の物を大切にしてるってことだよ。大事なものは持ち帰ろう。

してほしい変換

　プリントは，手で伸ばしてね。今日いるものは赤，いらないものは青のかごに分けて入れよう。

背中のひと押し

　ほら，机が見えてきたよ。歯ブラシも出てきた！　もう少しで，きれいに片付くよ。あと少し，頑張ろう！

解説 //

　担任のU先生は，片付け名人と言われるほど，整理整とんが得意です。きれいに片付けることが趣味で学生時代にブティックでアルバイト経験があるとのことで，きれいに並べることをアートとして楽しんでいるのだそうです。

　片付けが苦手な子どもがいると燃えてくるというU先生。早速A君の，散らかしぶりにワクワク気分で，ニコニコしながら手立てを考えます。先生の話では，手を加えるだけではどうにもならない，病気としての散らかしもあるといいます。A君の様子や言動からみて，何とかなると判断しました。机の上の状態を見て，「よく広げたねえ。A君，いろんなもの持ってるねえ。みんなA君の大切なものだよね」と，散らかしを受け入れます。

　続いて，「A君は物を大切にしてるってことだよ。大切なものだから，今日いるものとそうでないものを分けて，お家でしまおうね」と，とらえかた変換。「プリントは，手で押さえて伸ばして重ねよう。今日使うものは青，そうでないものは赤のかごに入れてごらん」と，してほしいことをA君が見てわかるように指示します。色別に振り分けるだけで，自分の机が見えてくるので，表情が明るく変わるのだそうです。

　最後に，「さあ，この赤のかごの物は，そろえてからカバンにしまえるよね。A君も片付け名人になれるよ！」。もちろん，1回や2回できちんと片付けることができるようになるわけではありません。このことを，励ましながら繰り返すのだそうです。A君の机の中には，持ち物の絵のボード，ロッカーにもカバンや他の物をどこに置くかわかるよう，絵を描いて貼ってあります。このような日々の努力（楽しみ）が，ひと月ほどで報われるのです。

┌ Point ─────────────

・片付けが苦手なのとできない（病気）の見極めをしよう。

・子どもが，目で見て，実感できる片付け方を工夫しよう。

・どこに何を置くかを描いた絵は，他の子にも使うことができる。

第3章　子どものやる気を引き出す！場面別ペップトーク集　85

21 安心感スイッチでやる気を引き出す
発表での緊張を和らげたい

授業内での発言は勇気がいるもの。私自身，中学校の時には「間違ったらどうしよう」という思いが強く，授業中に挙手することはほとんどありませんでした。子どもにとって学校はもちろん，授業中も安心できる場でなければいけません。教師はその状態をつくることが大切です。

場面・子どもの心の状態 //

　普段から消極的で，授業中当てられることを恐れているＡちゃん。声も小さいので，発表しても，周りから「聞こえません」と言われる始末。全員発表の決まりがある，道徳の授業の日。不安がつのります。

こんな時の PEP TALK! //

事実の受け入れ	Ａちゃん，今日は少し元気ないね。道徳があるからだよね。先週も，ドキドキが止まらなかったって書いてたよね。
とらえかた変換	それはね，Ａちゃんが，一生懸命取り組もうとしている証拠だよ。自分の意見を言いたいって思ってるからだよ。
してほしい変換	道徳に，間違った答えは，１つもないからね。Ａちゃんが思うことを，話してくれたらいいんだよ。
背中のひと押し	先生が，そばに行って聞いてあげるから，安心して話してごらん。Ａちゃんの今日の一歩前進タイムだよ。

解説 //

　道徳の授業は，発表が苦手な生徒や，授業に集中できない生徒にとって，授業の楽しさを味わわせ，自信をつけさせることができる時間だと思っています。道徳を行う際，生徒と約束したことは…

①席は，コの字で，みんなの表情を見合おう。

　コの字型にすることによって，教師が中に入ることで，どの生徒のそばにも近づくことができます。距離感が無いことで，自信のない生徒の近くに行って，聴いてあげることができます。表情から思いを感じることもあります。

②道徳での発言は，すべて正解です。全員が発表しよう。

　道徳には，正しい答えはありません。そのため，どんな発言も正解なのです。みんなで，お互いの意見を交わし合う事が大切です。

　この2つの約束をした上で，授業を続けてきました。ささやく程度しか声を出せない生徒の意見も，そばに行って聞くことで，教師が拡声器になってあげることができるため，自分の考えを発表することができます。どの発言も，「なるほど，そうか…」などと受け止めることにより，決して間違いはないということを理解させ，次にまた，発言しようとする意欲につなげてきました。こうして，みんなで話し合いの場とすることで，自分の考えを認めてもらう喜び，意見を交わすことの楽しさを味わわせてきました。

　その結果，道徳での発表が自信となり，他教科の授業や，学級会での発言につながりました。また，落ち着きのない生徒や，生徒指導上，やや問題のある生徒も，自分の意見が認められる場になったため，授業への関わりが増える効果も生まれました。

> ### Point
> ・発言することが，極端に苦手な子がいることを理解しよう。
> ・つぶやきも，発言としてとらえることで，授業に参加させよう。
> ・小さな声なら，教師が拡声器になって，生徒の意見を反映しよう。

第3章　子どものやる気を引き出す！場面別ペップトーク集

22 安心感スイッチでやる気を引き出す
プールを怖がる子を
安心して入らせたい

夏になると，水泳の授業が始まります。子どもたちは，水遊びが大好き，大喜びで体育の時間を楽しむのですが，中には，入ることを怖がる子もいます。このような時には，頑張らせる前に，安心させる必要があります。水泳指導の達人と言われた N 先生の指導です。

場面・子どもの心の状態 ///

　小学校１年生のＡ君は，プールが怖くて，水泳が始まることを嫌がっています。母親の話だと，保育園の時に，父親とプールに入った際に，一度すべって落ちたことが，トラウマになっているのではということです。

こんな時の PEP TALK! //

事実の受け入れ
　Ａ君，プール怖いんだね。保育園の時に，プールですべって落ちちゃったんだって。それは怖かったよね。

とらえかた変換
　今日は，見学しながら，みんながどんなことをやるのか，プールサイドで見ててくれるかな。

してほしい変換
　Ａ君もこっちへ来て一緒にやってみるかい？　先生のそばにいて，水遊びしてみると楽しいかもしれないよ。

背中のひと押し
　腰掛けキックできちゃったね。ちゃんとプールの授業ができたじゃない。でも，顔つけはできないだろうなあ。

解説 ///

　子どもたちは，水遊びが大好きです。でも，プールに「怖くて入れない」という子が必ずいます。小学校１年生の時に，数少ない水泳の授業で入れるようにしてあげることは，とても大切なことです。

　たった一度のプール指導で，プールを怖がっていた子がその日のうちに入ってしまう，Ｎ先生によるＮマジックを観察しました。

①今日は，初めての水泳の授業。Ａ君は「怖くて入れない」ということで，あえて「じゃあ，みんなの様子を観ていてくれる？」と見学を許可します。

②他の子をプールに入れて，わざと大はしゃぎするような楽しそうな様子を見せます。水かけ，バタ足，ボール投げ，水泳とは名ばかりの水慣れの遊びです。プールサイドから見ているＡ君に「僕も仲間に入れてほしいな」という思いを沸かせます。

③Ｎ先生は，ちらちらとＡ君を見ます。Ａ君と目が合った時に，機を逃さず，「やる？」。Ａ君が「やる」と言ったら，泳がせることはせず，水遊び。

④水かけ遊びを始めたＡ君。硬い表情が徐々に柔らかくなり，そのうちはしゃぎ始めました。ここまでくれば，ほぼ成功だそうです。

⑤そこから，水泳の授業です。腰掛けキックや顔水つけなど。Ａ君も腰掛けキックを楽しそうにやっていますが，顔つけには勇気がいります。そこで「ちょっと無理かもしれないな」と声がけ。すると顔をつけるじゃないですか。２回３回と繰り返し，みんなから大拍手。Ａ君，嬉しそうにピース。

　Ｎマジックも特別な方法ではありません。普段から子どもと触れ合い，遊んでいるＮ先生だからこそ，Ａ君も安心して入ることができたのでしょう。

Point

・水が怖いという子に対しては，無理は禁物。怖いをしっかり受け止めて。

・子どもの動いてみたい，やってみたいという瞬間を逃さないように。

・その子によっては，「できないだろうな」もペップトークになる。

第３章　子どものやる気を引き出す！場面別ペップトーク集　89

安心感スイッチでやる気を引き出す

23 ケンカした子どもを 仲直りさせたい

学校生活の中で，些細なことから始まるケンカ。多くは周りの子どもたちの仲裁で収まり，そのうち仲直りするのですが，時にはエスカレートして，子どもたち同士では止めることができないこともあります。こんな時は，教師の出番です。

場面・子どもの心の状態 ///

　サッカー遊びでＡ君のシュートが「決まった！」，キーパーのＢ君は，「入ってない！」とお互いに主張。言い合いから，カッとしたＡ君がＢ君を叩いてしまい，泣いたＢ君を見て，周りの子が「Ａ君が泣かした！」と…。

こんな時の PEP TALK! ///

事実の受け入れ	Ｂ君と，ケンカしちゃったんだね。ボール止めたのに，「入った」って言われたのが悔しいのは，よくわかるよ。
とらえかた変換	でもね，Ａ君もＢ君も，負けず嫌いで頑張りやさんだってことだよ。一緒にやったら，強いチームになるよ。
してほしい変換	また，一緒に遊びたいよね。きっとＢ君も同じ気持ちだと思うよ。謝って，休み時間に元気な姿を見せてほしいな。
背中のひと押し	さあ，Ｂ君のとこ行って謝っておいで。いつものＡ君の元気な笑顔で「ごめんね」って言ってみよう。

解説 ///

　小学生低学年の子ども同士のケンカを見ていると，子ども同士で，「ごめんね」「いいよ」で終わって，また仲良く遊び始めることがほとんどではないでしょうか。子どものケンカは，両方に原因があると言ってもいいでしょう。ケンカを薦めるわけではありませんが，子ども同士のケンカは，大切な社会勉強かもしれません。円滑なコミュニケーションづくりの基礎になると思います。

　子どもの社会は，大人の社会と違い，後に尾を引かないケンカが多いため，少しの間，見守る必要があると思います。ただし，大きな危害を加える状態や，心を深く傷つけるような時は，すぐに対処するのは当然のことです。

　事例の小学校２年生のケンカを見ると，

①仲良くサーカー遊びをしている。

②A君がシュートしたボールが，ゴールに入った。B君は，ぎりぎりで止めた。（お互いが自分が正しいと主張している）

③A君は，入れたのに，B君が「入っていない」と言ったことで，思わず手を出した。叩かれたB君が，泣いてしまった。

④B君が泣いたことで，周りからA君に対して，「A君が泣かした！」で驚いてしまったA君は，教室に戻り，自分の席でふさぎ込んでいる。

　A君は，「自分は正しい」という思いと，B君を泣かしたことで，「悪いことをした」という２つの気持ちでふさぎ込んでいます。本当は，仲良く遊びたいわけですので，謝るきっかけをつくってあげることが必要です。

　教師が，明るく元気に，ペップトークで励ますことで解決の道が開けます。

Point

・子どもたちの様子を少し観察し，状況把握をしよう。

・何が問題だったのかを洗い出し，解決の方法を考えよう。

・「また仲良くしたい」という両方の思いを大切にしよう。

24 安心感スイッチでやる気を引き出す
失敗した子どもを慰めたい

子どもたちは失敗を繰り返して，成長します。その生徒の，思い入れの強さによって，本人の落ち込み具合は変わってきます。特にチームプレイの際に，自分のミスが原因で負けたと思われるような結果だとなおさらです。こんな時こそ，教師の力量が問われます。

場面・子どもの心の状態 //

　サッカーの試合で，Ａ君のチームは２対１で勝っています。残り時間わずかで，Ａ君が止めたはずのボールは無情にも，オウンゴールで同点，その後の延長で逆転負け。僕のせいで負けたと落ち込んでいます。

こんな時の PEP TALK! //

事実の受け入れ
Ａ君，負けて悔しいよね。勝ちを信じた時のあれだもんな。チームの仲間も悔しさは一緒だよ。

とらえかた変換
でも，オウンゴールは，Ａ君がチームのために闘い，必死で守ろうとした証拠じゃない。

してほしい変換
Ａ君だけが経験した失敗を大切にして，新しくチームを結成する後輩たちに，思いを伝えてくれ。

背中のひと押し
Ａ君しか味わったことのない思いを，みんなに話してみよう。この経験は，Ａ君の宝物になるかもしれないよ。

解説 //

　状況は，県大会をかけての３位決定戦。あとわずかの時間を守り切れば，勝利して県大会に進出です。センターバックとして，しっかり自分の役割を果たしてきたＡ君。相手チームも最後まであきらめません。思い切った攻撃で中に入ってきます。ゴール前での攻防。Ａ君は，相手チームがキックしたボールをはじこうと右足を出したところ，芯をとらえることができず，後ろに弾き飛ばされ，無情にもオウンゴール。同点から延長戦になり，逆転負けで県大会への進出はなくなりました。Ａ君は，泣きながら自分の失敗を悔やんでいました。周りの仲間も慰めるのですが…。

　チームを率いるＴ先生。悔しい思いを押さえて，「みんなよくやった。県大会を狙えるチームじゃなかったじゃないか。ここまで来れたってことは，みんなの頑張りだぞ。みんなに，拍手とお礼を贈りたい。ありがとう」そして続けて，「今一番悔しいのは，Ａ君だろう。Ａ君の１回戦からの闘いぶりを，みんな見てきたよな。多くのピンチを完璧に救ってくれてたじゃないか。絶対に守る，俺の後ろにはいかせない，という強い思いでやってきたのは知ってるよな。あのゴールも，Ａ君の守ろうという強い思いで闘った結果だったんだ。Ａ君に最高の拍手とありがとうを伝えよう」

　Ｔ先生は，Ａ君の頑張りを称え，感謝をすることで，自分も含め，チーム全体の低くなったムードを盛り上げます。周りで見ていた保護者も涙を流しながら，Ａ君に対して，そしてチーム全員に対して，大きな拍手をします。

　最後にＴ先生は，応援してくれた人たち，大会を運営している方々への感謝を生徒たちと一緒に元気よく言って，サッカー場を去っていきました。

```
┌─ Point ─────────────────────────────────────
│
│  ・生徒が失敗したことを振り返る時間を与えてあげよう。
│
│  ・失敗は，必死に頑張った結果。みんなで称賛できるようにしよう。
│
│  ・失敗は失敗ではなく，今後の生き方への『成功』につなげていこう。
│
└──────────────────────────────────────────────
```

第３章　子どものやる気を引き出す！場面別ペップトーク集

25 安心感スイッチでやる気を引き出す
嘘を正直に告白させたい

子どもは，わかりやすい嘘をつくことが多いです。いつも笑顔で，温かく子どもに接していた
Ｉ先生ですが，「ダメなものはダメ」と，不正に対して厳しい先生でした。休み時間，教室に
入るとＢ君の筆箱の鉛筆がすべて折れていました。複数の女子の目撃から，Ａ君の名前が。

場面・子どもの心の状態

　鉛筆を折られて机に伏して泣いているＢ君。明らかに，落ち着きを欠いているＡ君に，Ｂ君の鉛筆の事を話したところ，「僕じゃない！」と言って泣き出しました。Ａ君は，一生懸命隠そうとしている様子がうかがえます。

こんな時の PEP TALK!

事実の受け入れ
Ｂ君のあの鉛筆，お母さんが買ってくれた，お気に入りのだったそうだよ。今，Ｂ君どんな気持ちなんだろうね。

とらえかた変換
クラスのみんなが正直で優しい子になるために，起きた事件かもしれないよ。Ａ君，先生に力を貸してくれない？

してほしい変換
Ｂ君の気持ちを書いて，Ａ君が思う鉛筆を折った子が，Ｂ君にどうするといいのかを教えてくれない？

背中のひと押し
正直に話してくれて，ありがとう。きっとＢ君も，許してくれるよ。先生と一緒に謝りにいこう。

解説

「たまたまうまくいっただけなんですけどね」と言いながら，見事な解決方法だと感心させられました。

Ｉ先生は，「子どもが嘘をつくのは，『怒られるのが嫌だから』というのが一番大きな理由です。感情的になって，問い詰めると，また嘘をついてしまいます」，そんな失敗を繰り返した経験から，「子どもに，『正直に話しても先生は守ってくれる』という思いをもたせることが大切です」と話します。

嘘も含めて，事件は，時系列で整理して物事を考えることが必要です。

①事実：誰もいない休み時間に，誰かがＢ君の筆箱の鉛筆を折った。

②情報：複数の目撃で，入室時Ａ君がＢ君の席から慌てて離れた。

③Ａ君とＢ君の関係：下校後も，一緒に遊ぶ仲良し。

④気になったこと：昨日，下校時に２人がふざけていたので注意した時に，Ａ君がうつむいたが，そのままにしてしまった。

学級の子から見られないように，別室に呼んで，Ａ君と話します。学級が良くなるための事件にして，Ａ君自身に協力をしてもらうことで，解決策を考えます。Ａ君の顔は明るくなり，すべてを正直に話したといいます。昨日，ふざけていてＢ君のバックが顔に当たって痛かったとのこと。こんな背景があったのですね。

「正直に話してくれて，ありがとう。Ａ君の気持ち，よくわかったよ」

逆転の発想で，Ａ君と一緒に解決策を考えたＩ先生。Ｂ君に一緒に謝り，両方の家庭に訪問をして，お互いがこれからも仲良くすることを約束しました。

Point

・嘘をつかなければいけない背景を探り，その子の気持ちを理解しよう。

・嘘によって，迷惑をこうむった人の気持ちを考えさせよう。

・正直に話すことで，結果的によかったと感じさせてあげよう。

第３章　子どものやる気を引き出す！場面別ペップトーク集

26 安心感スイッチでやる気を引き出す
家庭の悩みを和らげたい

中学生の時期は、「ガラスの心」と言われるように、心が揺れ動く時です。家庭内が落ち着いていない生徒は何らかの問題を抱えていることが多いようです。時には、問題行動に発展したり、不登校で家に閉じこもったり。教師側が生徒の背景をみて声がけしてあげたいですね。

場面・子どもの心の状態 //

　中2から、厳格な父親に対する反抗で、母親に暴言を吐いたり、壁に穴をあけたりしていたＡさん。自分の進むべき道が見えないこともあり、喫煙、深夜徘徊、家庭内暴力と発展して気持ちは常に荒れている状態でした。

こんな時の PEP TALK! //

事実の受け入れ

家族が大嫌いなんだよね。心に突き刺さること言われるから仕方ないよね。他にもそういう子、結構聞くよ。

とらえかた変換

家族が真剣に心配してるってことだよね。Ａさんも、家族との関わりを真剣に考えてるってことだよ。

してほしい変換

先生もそのことは、専門家ではないのでわからない。お父さんなら、わかると思うよ。聞いてごらんよ。

背中のひと押し

お父さん、帰られたみたいだよ。笑顔で、「お帰り」と言って、どんな世界になるのか、聞いてごらん。

解説

このＡさんの例は，父親が厳格で，常に父親の考えを押し付けることに対して，Ａさんの気持ちが離れていったとのことです（あくまでもＡさんの話と，母親の話しぶりから感じ取ることですが…）。

共働きで，小学校低学年の時に，鍵っ子のＡさんは，帰宅した時に聞こえる時計の音が怖くてしょうがなかったと語ってくれました。寂しさからか，自分に目を向けてほしいＡさんは，中２の終わりから母親に対しての暴言・暴力。精神的に疲れては，学校を休みがちな日が続きました。

欠席した日は，家庭訪問を行い，極力学校の様子は話さず，現代の世の中の様子，今後近い将来に，日本や世界が大きく変わること。今大切だと思われていることが，数年先にはガラッと変わること。Ａさんは，そんな話に耳を傾けながら，目をキラキラさせて，乗ってきていました。帰り際に「明日気が向いたらおいでね」と声をかけ，帰宅していました。

そんな中で，「コンピュータが必要不可欠な社会が来る」「家庭に何台ものコンピュータがある時代が来る（今から20数年前の話）」「社会が大きく変わる」に対して，Ａさんは，「どのように変わるの？」。父親は，会社で情報を先取りしなければいけない仕事でした。この時とばかりに，「それはお父さんの仕事だよ。一番情報を先取りしなければいけない仕事だからね。帰られたら聞いてみたら？」。Ａさんは「うん，聞いてみる」。

しばらくして父親が帰宅し，突然のＡさんの質問に戸惑いながらも，嬉しそうに未来の社会を語る父親の姿を見ながら，私はその家を後にしました。

その後，親子関係は徐々に良くなり，笑顔で卒業していったＡさんでした。

Point
・家庭内の問題なので深入りせず，保護者が話す範囲で受け止めよう。

・問題の原因を感じ取り，お互いの悩みの中にある解決の糸口を探ろう。

・親を尊敬できる話題から，未来に向かった会話にもっていこう。

第3章　子どものやる気を引き出す！場面別ペップトーク集

27 安心感スイッチでやる気を引き出す
進路について考えさせたい

中学校3年生の進路選択は，ある意味人生の大きな選択です。とりあえず進学する派，運動や芸術などの目的をもって進学する派，家庭の事情を考えて進学する派，そして進学以外の道を選ぶ派。どの生徒も，幸せになってほしいと願いながら，進路指導をしたいものです。

場面・子どもの心の状態

中学校3年生のA君。進路について悩んでいます。母子家庭ということで，母親が毎日働きながら頑張っている姿を見ています。双子の妹も同時に高校進学をひかえているため，母親に大きな負担をかけそうで心配です。

こんな時の PEP TALK!

事実の受け入れ
A君，お母さん，高校行けば応援するって言ってくれたのに，心配なんだね。妹も一緒だもんね。

とらえかた変換
お母さんに楽をさせたいと思う気持ちは，逆に言うと，本気で進学したいと思ってるってことだよね。

してほしい変換
負担をかけない，妹の事，自分の進学，この3つをまとめて解決する方法を考えよう！

背中のひと押し
できる方法は，いくらでもある。今できることでベストを尽くす。必ず結果がついてくる，一緒に考えよう！

解説 //

　生徒の中には，周りの生徒が100%に近いほど進学する中で，家庭事情によっては，進学を断念し，就職していく生徒もいます。教師は生徒の能力も伸ばしてあげたい，その生徒が伸び伸びと学ぶことができるようにと，進路指導に取り組んでいます。

Ａ君の家庭環境：母子家庭。二卵性双生児のため，双子の妹が同学年にいる。

母親の思い：優しく，気遣いもあり，家の手伝いを分担してよくやってくれ
　　　　　　る２人の兄弟。生活が大変だということを感じている様子がう
　　　　　　かがえ，進路で悩んでいるようだ。母として３年間，精一杯頑
　　　　　　張る覚悟はあるので，２人とも希望の学校に進んでほしい。

Ａ君の思い：母親は，休みの日にぐったりして寝込んでいることがあるとの
　　　　　　ことで，いつも無理をしている様子を知っている。「高校の事
　　　　　　は心配しないで」と言うが，余計に心配になる。兄として，妹
　　　　　　は普通に進学してほしいと思っている。

　進路相談で，Ａ君の気持ちをしっかり聞いてみると，「親にあまり負担をかけたくない」，「妹の進学を優先したい」，「できれば自分も進学したい」で迷っている様子。一緒に，３つの悩みを解決する方法を考えます。

　「今あるものでベストを尽くそう」「きっとできるよ」で，一緒に解決できる方法を考えました。学習も頑張っています。手伝いの合間での短時間集中勉強。話し合いで，進学と就職を一緒に可能にする企業内学園への進学を視野に入れることにしました。母親も納得。昼間の学びが可能になるとともに，母親への負担がゼロになる。Ａ君は見事，企業内学園に就職していきました。

⌐ Point ─────────────

・生徒の悩む原因をじっくり聞いて，しっかり把握しよう。

・「今あるものは何か」，「今できることは何か」を確認しよう。

・可能にする方法は，必ずあることを信じて，一緒に考えよう。

28 安心感スイッチでやる気を引き出す
自己アピールを
しっかりさせたい

自己アピール，自分のことを周りに知ってもらう大切なプレゼンテーションですね。ここで意識したいのは，自分のことを話した時に，相手が関心をもって聞いてくれるか，そうでないかです。相手に共感を呼び起こす自己アピールを身につけさせたいものです。

場面・子どもの心の状態 //

今日は，高校の面接日，自己アピールの時間があることで，緊張しっぱなしのA君。学校でも何度も練習して，褒められているにもかかわらず，顔はこわばっています。和らげてあげたいですね。

こんな時の PEP TALK! //

事実の受け入れ

A君，顔がカチカチになってるね。緊張するのわかるよ。自分の進路が決まる時だからね

とらえかた変換

それだけ，A君が本気で，この学校に入って野菜作りの勉強したいって思ってる証拠だよ。

してほしい変換

野菜作りで，失敗したこと。やり直して褒められたこと。学校の体験会で，耕運機を見て，心が動いたことを話そう。

背中のひと押し

さあ，A君は，この学校の生徒だ。「おはようございます」と元気に言って入ろう。さあ，行ってらっしゃい。

解説 //

　特別支援学級を担任した時のことです。希望の進路を選ぶわけですが，入学試験の難関が待っています。試験の中でも，面接での受け答えが，生徒たちの緊張を高めるようです。

　Ａ君は，大変真面目な生徒で，常に教師の話をしっかり聴くことができる生徒でした。逆に聞き逃したことや，聞いたことと違う状況になった時に，パニックを起こしてしまいます。そんなＡ君ですから，得意な「形にはめて身につける」部分を伸ばしながら，苦手な「状況が変わっても対処できる」という応用力を中心に指導してきました。

　面接の内容はある程度決まっていますので，Ａ君の得意な，「形が決まっていれば安心できる」を活用して練習しました。

　Ａ君の緊張を認めながら，普段の体験をイメージさせることに心がけました。それを３つの柱として，Ａ君の形として練習しました。
①中学校で行ってきたことの野菜作りでの失敗を思い出してイメージする。
②失敗で経験したことを活かして，改善したことによる成功体験，先生に褒められたことを思い出してイメージする。
③体験会で大きな耕運機を見たことで，土を大掛かりに柔らかくすることができることを思い出してイメージする。

　試験終了後，Ａ君は，自分の失敗を話したら，先生たちがニッコリしてくれて，気持ちが楽になったこと，うまくいって褒められたことや，耕運機を見て，どうしてもここに入りたくなったことを，スラスラ話すことができたと誇らしげに話してくれました。

Point

- ・不安を理解しながら，その坂を越えてゴールがあることを伝えよう。
- ・普段学校で，やってきた失敗や良かったことをイメージさせよう。
- ・入学後の，自分が活躍しているイメージを，一緒に膨らませよう。

第３章　子どものやる気を引き出す！場面別ペップトーク集　101

29

安心感スイッチでやる気を引き出す

「ありがとう」が飛び交う 学級にしたい

教室に「ありがとう」が飛び交ったら…ケンカが減るでしょう。子どもたちの協力し合う姿が見えるでしょう。そして何よりも，学級としての質の高まりを感じるでしょう。「ありがとう」が言えるだけで，みんな優しくなれます。

場面・子どもの心の状態 //

　毎日登校していますが，本当は友達から声をかけられるのが不安なDさん。いつも一人で静かに本を読んでいます。時々，声をかけられて，びくっとして不安そうな表情をしているDさんに，どんな声がけをしてあげましょう。

こんな時の PEP TALK! //

事実の受け入れ	友達に声かけられても，なんて答えていいかわからないんだよね。
とらえかた変換	きっとみんなも，声かけたいんだけど，どう声をかけていいかわからないんだよ。気にしてくれてるんだよ。
してほしい変換	みんなが声かけてくれた時に，最初に「ありがとう」って言ってごらん。
背中のひと押し	さあ，次は言ってみようね。「ありがとう」は魔法の言葉だよ。

102

解説

「ありがとう」は，最高（最幸）のペップトークです。日本語の中でも最も美しい言葉とも言われています。「ありがとう」がたくさん飛び交う学級や組織は，安心感を感じませんか。学級や組織が明るくなります。協力し合えるようになります。そして，お互いを大切に思えるようになります。「ありがとう」は，人間関係をよくする魔法の言葉なのです。

先生方は，「ありがとう」を1日何度言っているでしょうか。特に子どもたちに。「ありがとう」の数だけ，子どもたちとの信頼関係が深まると思っています。「ありがとう」を言う機会は，学校生活の中にいくらでもあります。子どもが元気な声であいさつをかわしてくれた時に「ありがとう」。ゴミに気づいてくれて拾った時に「ありがとう」。廊下で道を譲ってくれた時に「ありがとう」。元気のない子，少しだけ問題行動がある子でも，「悪いね，ちょっと手伝ってくれない？」。受けてくれたら「ありがとう」。終わった後に「ありがとう」。先生側で「ありがとう」を言えるきっかけをつくればいいのです。「ありがとう」を言われて嫌な思いはしません。良いことに「ありがとう」の言葉を発している時は，口角が上がります。つまり笑顔になれるのです。笑顔は敵を作りません。

「ありがとう」を見える形にすることで，より効果が生まれます。例えば「ありがとう」を言いたい人に，『○○ちゃん，○○してくれてありがとう』。言われて嬉しい，書かれて嬉しい「ありがとう」。それを模造紙に描いた「ありがとうの木」に貼ります。ありがとうの実がたくさん実るほど，その学級（組織）はパワーアップします。

Point

・まずは先生が，どこでも誰にでも「ありがとう」を言おう。

・「ありがとう」は自ら探し，自ら創り，自ら発しよう。

・「ありがとう」と言われる体験を増やし，自己肯定感を高めよう。

第3章　子どものやる気を引き出す！場面別ペップトーク集　　103

30 安心感スイッチでやる気を引き出す
学級の事件を解決したい

学級は，日々小さな事件の連続です。子どもたちは，前後のことは考えず，今を生きています。「あっ，やってしまった。さてどうやって言い訳を考えようか…」こんな時こそ，教師側が冷静になって解決の道を探っていくと，日々の事件も楽しいものになりますね。

場面・子どもの心の状態 //

　教室に行くと，花瓶が落ちて，花や花瓶の破片が散らばっていました。小学校２年生のＡ君が一人。「花瓶壊れてるけど，Ａ君知ってる？」Ａ君は，「知らない，壊れてた」と言いながらも，明らかに落ち着きを欠いています。

こんな時の PEP TALK! //

事実の受け入れ

○○先生が，学級のために買ってくれた大事な花瓶。Ａ君は花瓶がどうして落ちたのか，知らないんだよね。

とらえかた変換

誰もいない教室で，この花瓶がどうやって落ちたか，『名探偵Ａ君』になって，この事件を解決してほしいな。

してほしい変換

Ａ君が落として割っちゃったって言っても怒ったりしないよ。でも，本当の事を言ってくれたら先生嬉しいな。

背中のひと押し

本当の事を言ってくれて，ありがとう。○○先生の花瓶だから，先生と一緒に「ごめんなさい」を言いに行こう。

解説 //

　事例は，小学校2年生のA君。決めつけてはいけませんが，A君のズボン
が濡れていたことと，濡れたシューズの足跡がA君の席に向かってついてい
たことで，A君の可能性が高いことを前提に指導しました。

①A君の言い分は「知らないよ。教室に入ったら，壊れてた」でしたので，
　そのことをしっかり受け入れて次の作戦です。

②ならば，「名探偵になって，犯人を捜してくれないか」で，A君は喜んで
　状況を調べます。机が動いており，ぶつかって落としたようだとA君。

③アドバイスを与えます。犯人は服が濡れているかもしれない。そして，濡
　れた足跡が犯人のところにつながっているかもしれない。

④A君は，足跡をたどって，自分の席に行きました。急に元気を失った名探
　偵に声をかけます。先生は怒らないことと，正直に言ってくれることが嬉
　しいことだという安心感を与えます。

⑤A君は，正直に話します。走って教室に入って，机にぶつかった時に，花
　瓶が落ちて割れたことを。ふんふんと聞きながら，話し終わった時に，
　「ありがとう。正直に話してくれて」と安心ワードを投げかけることで，
　「ごめんなさい」と言うことができました。

⑥「○○先生に謝りに行こう」で，不注意で花瓶を割ったことに対して，き
　ちんと謝ることを教えます。

　安心感を与えなければ，子どもはなかなか正直なことは言いません。一緒
に事件を解決することで，A君自身が言動に矛盾があることを気づきます。
けがや他人への大きな迷惑でなければ，心を育てる良い機会になりますね。

⌐ Point ─────

・先生が，感情的にならず，「怒らない」という姿勢で安心感を与えよう。

・正直に言うことで，「先生は嬉しい」で，子どもの心を動かそう。

・正直に言ってくれて「ありがとう」で，安心して謝れるでしょう。

第3章　子どものやる気を引き出す！場面別ペップトーク集

Column
あなたは「言葉の力」を信じますか

　学校内で，時々聞く言葉です。大きく下記の2つに分かれます。皆さんは普段，どちらの言葉が多いですか？

①朝起きて，発する言葉

　A：今日はいい日だなあ，今日も最高の一日になるぞ。頑張ろう！

　B：あ〜あ，朝か。今日も学校行かなきゃいかんのか。嫌だなあ。

②問題が降りかかってきました

　A：ピンチだ，これは私を強くするための試練だ。解決策を考えよう。

　B：うわあ，最悪。何で私だけにこんなに嫌なことが回ってくるんだろう。

③体調を崩してしまいました

　A：調子悪いなあ。これは，体調管理をしっかりしろという警告かも。

　B：調子悪いなあ。無理をさせられたからなあ。あいつはいいよな。

④ものごとを頼まれました

　A：頼んでくれてありがとう。私も誰かの役に立ってるんだな。

　B：何で私ばかり，頼まれるんだろう。あの人は頼まれないのに。

⑤人のお世話をしました

　A：お世話をさせてくれて，ありがとう。あなたの笑顔が嬉しいよ。

　B：何でいつもあなたのお世話をしなきゃいかんの。損するわ。

⑥自分が使っているものが調子が悪くなりました

　A：ちょっと，ひどい使い方をしていたのかな。怒ってるのかも。

　B：何だ，大事な時に限ってこんな風になるなんて。ついてないなあ。

　Aの言葉，Bの言葉，どちらの言葉をよく使う人が，幸せでしょうか？

　子どもたちは，どちらの先生に教えてもらいたいでしょうか？

　Aの言葉の積み重ね，Bの言葉の積み重ね。少し怖くなりませんか。

　「言葉の力」の大きさを感じませんか。気がついた時から，言葉を変えてみませんか。きっと表情まで明るくなりますよね。

付録

あなただけの
ペップトークを作る！
ワークシート集

############################## ワークシートの使い方 ##############################

■ペップトーク作成シート

準備

　まず準備をしっかりしましょう。大切なのは，相手とあなたが同じ山の頂上を目指しているかどうかです。山そのものが違えば，のぼり方も持ち物も変わるのと同じです。

・誰を励ましたいですか？（個人，チーム，学級，その他）

　　励ましたい相手をはっきりさせることで，内容が明確になります。

・相手が目指す目標は何ですか？

　　目指すものを理解することで，思いの方向を一致させます。

・その目標を設定するに至ったきっかけは何ですか？

　　相手の考えの原点を知ることで，応援の声がけが変わります。

・相手が目標を達成した時に，あなたはどんな言葉がけをしたいですか？

　　相手の目標達成度に応じて，言葉がけやリアクションを考える必要があります。

ステップ1　受容（事実の受け入れ）

・相手が，どんな状況に置かれているか把握しましょう。

　（例）授業での発表，学校行事，試験，試合，発表会，面接など

・相手の心の状態をつかみましょう。

　（例）不安，緊張，冷静，ドキドキ，ワクワクなど

・相手の立場になった時に，共感できることを見つけましょう。

　（例）過去の同じ経験がある，誰にでもそういうことはあるなど

ステップ2　承認（とらえかた変換）

・相手が，今の状況を乗り越えるための必要な考え方を見つけましょう。

　見方を変えると…

　（例）震えている→本気の証拠／問題が起こった→成長のチャンス

今あるものに目を向けると…

（例）ここまでできている／こんなにある／仲間がいる／経験がある

ステップ3　行動（してほしい変換）

・本番中の相手に対して，どのようにしてほしいでしょう。

・ポジティブな言葉になっているでしょうか。

（例）負けるな→ベストを尽くせ／離れるな→ついていこう

・行動の指示になっているでしょうか。

（例）右角をねらえ／整理整とんから始めよう

ステップ4　激励（背中のひと押し）

・前向きな背中のひと押しで送り出しましょう。

（例）大丈夫，君ならできるよ！／笑顔で取り組もう！／一緒に頑張ろう！／1つだけでいい，1つだけ手に入れてこい！／クラスの仲間がついてるからね！／何があっても君の味方だぞ！　など

　以上の4つのステップを組み立てることで，励ましたい相手のやる気を引き出し，その気にさせることができます。1分程度にまとめることで，相手もしっかり理解できるペップトークになります。

■リフレーミングシート

　「ネガティ語」から「ポジティ語」へのとらえかた変換（リフレーミング）をまとめたシートです。「リフレーミングしましょう！」と言った時，意外に言葉が出てこないものです。人の欠点を指摘することは簡単ですが，逆によい点を口にすることは難しいと言われます。「このことをポジティブにとらえると，どんな言葉にできるかな」と考えることを習慣にし，ぜひ表に記入して実践してみてください。

　さあ，次ページからのワークシートを使って，あなただけのペップトークを作りましょう！

付録　あなただけのペップトークを作る！ワークシート集　109

ペップトーク作成シート（記入例）

ペップトークで子どもたちを励まそう

『 （できる感） ・ ワクワク感 ・ 安心感 』

・励ます相手

　県中学校駅伝大会で優勝争いに絡むと思われる力をつけた駅伝チームに対して，スタート前に監督から激励のペップトーク

・目指すゴール

　6名の選手が，自分の力を発揮し，仲間を信じて優勝を勝ちとる！

ステップ1　受容（事実の受け入れ）

　どうしたみんな，表情硬いぞ。「優勝」を目標にしたことで，緊張してるのか。それはそうだろ，先生だって朝から落ち着かず，身震いしてるよ。

ステップ2　承認（とらえかた変換）

　でも，それは，みんなが本気になっている証拠だぞ。みんなの本気を，このタスキに込めて，君たちの力を発揮する時が来たのだ。

ステップ3　行動（してほしい変換）

　このタスキに，君たちの，いや仲間全員の思いが詰まっている。一人一人が自分らしい走りをして，最後まで勝利を信じて走るんだ！

ステップ4　激励（背中のひと押し）

　自分の力を信じて，そして仲間や親の応援を信じて，最高のフィニッシュを見せてくれ！

ペップトーク作成シート

ペップトークで子どもたちを励まそう

『 できる感 ・ ワクワク感 ・ 安心感 』

・励ます相手

・目指すゴール

ステップ１　受容（事実の受け入れ）

ステップ２　承認（とらえかた変換）

ステップ３　行動（してほしい変換）

ステップ４　激励（背中のひと押し）

付録　あなただけのペップトークを作る！ワークシート集

ペップトーク作成シート

ペップトークで子どもたちを励まそう

『　できる感　・　ワクワク感　・　安心感　』

・励ます相手

・目指すゴール

ステップ1　受容（事実の受け入れ）

ステップ2　承認（とらえかた変換）

ステップ3　行動（してほしい変換）

ステップ4　激励（背中のひと押し）

ペップトーク作成シート

ペップトークで子どもたちを励まそう

『　できる感　・　ワクワク感　・　安心感　』

・励ます相手

・目指すゴール

ステップ１　受容（事実の受け入れ）

ステップ２　承認（とらえかた変換）

ステップ３　行動（してほしい変換）

ステップ４　激励（背中のひと押し）

`リフレーミングシート`

とらえかた変換（例）

	ネガティ語	ポジティ語
1	あわてんぼう	行動力がある
2	うるさい	明るい
3	おこりっぽい	情熱的な
4	落ち着きがない	活動的な
5	オドオドしている	慎重な
6	おとなしい	穏やかな
7	頑固	信念をもっている
8	感情がない	冷静な
9	気が小さい	用心深い
10	気分屋	オンオフがしっかり
11	気まぐれ	新しいことを思いつく
12	キレやすい	感情豊か
13	口が悪い	表現が素直
14	口下手	控え目
15	グチを言う	細かいことに気がつく
16	計画性がない	その場に応じて動ける
17	ケチ	節約できる
18	自己中心的	自分をもっている
19	しつこい	粘り強い
20	自慢ばかり言う	自信をもっている
21	集中しない	周りを見ることができる
22	神経質	細かいことに気がつく
23	図々しい	堂々としている
24	だまされやすい	人を信じて疑わない
25	だらしない	こだわらない

	ネガティ語	ポジティ語
26	調子がいい	愛嬌がある
27	つらい	鍛えられている
28	出しゃばり	積極的
29	鈍感	おおらかな
30	生意気な	自立心がある
31	涙もろい	感受性豊かな
32	なれなれしい	気軽に話ができる
33	ネクラ	冷静な
34	のろま	慎重に行動できる
35	八方美人	人づきあいがいい
36	早とちり	スピード感のある
37	引っ込み思案	慎重
38	人の悪口を言う	人をよく見ている
39	無愛想	冷静
40	ふざける	明るい
41	プライドが高い	自信がある
42	ぼーっとしている	自分の世界にひたる
43	無責任	自由を愛する
44	命令する	リーダー性がある
45	目立たない	謙虚
46	面倒くさがり	おおらか
47	優柔不断	人に合わせられる
48	理屈っぽい	信念をつらぬく
49	ルーズ	こだわらない
50	わがまま	自分をもっている

付録　あなただけのペップトークを作る！ワークシート集

リフレーミングシート

とらえかた変換

	ネガティ語	ポジティ語
1		
2		
3		
4		
5		
6		
7		
8		
9		
10		
11		
12		
13		
14		
15		
16		
17		
18		
19		
20		
21		
22		
23		
24		
25		

	ネガティ語	ポジティ語
26		
27		
28		
29		
30		
31		
32		
33		
34		
35		
36		
37		
38		
39		
40		
41		
42		
43		
44		
45		
46		
47		
48		
49		
50		

付録　あなただけのペップトークを作る！ワークシート集

おわりに

　まずもって，執筆にあたり，ペップトーク講演の内容，ノウハウ，ワークシートに至るまで，快く使うことを許可いただいた，一般財団法人日本ペップトーク普及協会岩﨑由純代表理事，同浦上大輔専務理事，連絡等で何度もお手間をかけた同事務局の岩﨑麻衣さんに，お礼を申し上げます。本書で述べたペップトークの理論は，岩﨑由純会長講演および，浦上大輔専務理事著書『たった1分で相手をやる気にさせる話術ペップトーク』（フォレスト出版，2017年）を参考にしています。

　また，私とつながりのある先生方。無理をお願いして，書いていただいたり，聞き取りをさせていただいたりで，お手数をおかけしましたことに対して，お礼とともに，お詫び申し上げます。ありがとうございました。

　あとがきを書こうとしている時に，中京大学体育学部名誉教授の勝亦紘一先生が亡くなられたとの訃報が入りました。

　勝亦紘一先生は，私の陸上競技指導に大きく影響を与えた先生です。現在，自分自身がペップトークの講師として，ペップな言葉に心がけていますが，勝亦先生の指導は，今考えると30年前からペップトークそのものでした。

　1988年のソウルオリンピック前に，イベントで小学生の指導をしていただいた時のことです。普段大学生を指導している先生なのに，子どもたちに優しい笑顔でプラス言葉で話しかけられる。子どもたちもすっかり，勝亦ワールドに引き込まれていました。「逆転の発想」とらえかた変換の技術指導でした。

　「小学生は，筋肉がついていく発達段階なので大人のようなスタートをしては，バランスが崩れます。バランスを保てるようにしてあげることが大切です」

①指を広げてスタートラインに合わせるのではなく，手を握ってグーで支えるといい。

（なるほど，これなら小学生も指が痛いなんて言わなくてすむ）

②スターティングブロックを蹴ってのスタートは，小学生では難しい。後ろの膝を伸ばして，しっかり地面につければ，体も安定してふらつかない。蹴るのではなくて，ひきつければいいんだよ。

（蹴ってスタートするという発想しかなかった私は，ひきつけてスタートするという発想に驚く。確かに，体が安定する）

発達段階に合わせた，この時の指導は，私のその後の教育活動に大きな財産となっています。ご健在の時に，お会いした際に，

「先生の，30年前の小学生の指導が，今の私が広めているペップトークと同じなんです。今本を書いています。先生にお持ちしますね」

と約束し喜んでいただいたのが４月のことでした。

通夜の席で，遺影を見つめ，先生の指導を思い出すとともに，ご冥福を祈りながら，完成した暁には，仏壇に供えさせていただきます。

勝亦紘一先生，ありがとうございました。　　　　　　　　　合掌

日本ペップトーク普及協会が提唱する「ペップトーク」は，完成型ではありません。日々進化しています。各講師の様々な職業や経験を通したり，過去に学んできたノウハウを組み込んでお伝えしたりすることで，独自のペップトークとして伝わります。

私の場合，1997年に教育相談担当になり，子どもの内面を理解するために，学び，その後の教育活動の柱となっている『個性心理學』を，ペップトークに組み込んでいます。

８月４・５日，一般財団法人日本ペップトーク普及協会の総会，合わせて講師のためのスキルアップ学習会が行われ，外部講師の実践的な講演や，活躍中の講師の実践発表がありました。お互いの情報を共有することができ，今後より実践的なペップトークを伝えることができると確信しました。

2018年9月

三森　啓文

【著者紹介】
三森　啓文（みつもり　ひろふみ）

1954年鳥取県生まれ。中京大学体育学部体育学科卒業。
1979年〜2015年の定年退職まで，愛知県豊田市の小中学校で教諭として教壇に立つ。
生徒指導，教育相談を担当するにあたり，児童・生徒理解の一助として，1997年から個性心理學１期生として学び，現在に至る。個性に合わせた言葉がけを，より効果的なものにできる，ペップトークに出会ったのが2015年。講演・研修講師の１期生として，東海地区を中心に講演・研修を実施中。「ワクワク人間関係幸座」と称して，コミュニケーションの円滑化を目的に，学校・事業所・各種団体等に広めている。

学級経営サポートBOOKS
教師のための「ペップトーク」入門
子どものやる気を120％引き出すミラクルフレーズ

2018年12月初版第１刷刊	©著　者	三　森　啓　文
2019年10月初版第３刷刊	発行者	藤　原　光　政
	発行所	明治図書出版株式会社

http://www.meijitosho.co.jp
（企画・校正）大江文武
〒114-0023　東京都北区滝野川7-46-1
振替00160-5-151318　電話03(5907)6702
ご注文窓口　電話03(5907)6668

＊検印省略　　　組版所　長　野　印　刷　商　工　株　式　会　社

本書の無断コピーは，著作権・出版権にふれます。ご注意ください。

Printed in Japan　　　　　ISBN978-4-18-272913-3
もれなくクーポンがもらえる！読者アンケートはこちらから →